JN410817

진실한 게임

진실한 게임

1쇄 찍음 / 2006년 6월 15일
1쇄 펴냄 / 2006년 6월 20일

지은이 / 심현영
펴낸이 / 김태봉
편　집 / 황은진, 김주영, 정종해
영　업 / 박상필, 김미란, 이준혁
등　록 / 제5-213호
펴낸곳 / 한솜미디어
주소 / (우143-200) 서울시 광진구 구의동 243-22
전화 / (02)454-0492, 팩시밀리 (02)454-0493
HomePage http://hansom.co.kr
E-mail hansom@hansom.co.kr

값 10,000원

ISBN 89-5959-040-1 03810

진실한 게임

심현형 지음

글을 쓰면서

책의 제목을 『진실한 게임』으로 결정한 것은, 주인공이 혼자서 재판했던 내용을 기초로 하여 사실에 가깝도록 그 진행 과정을 쓴 이야기이기 때문입니다.

『진실한 게임』이 법률가의 도움 없이 혼자 소송하려는 분들에게는 참고할 수 있는 기능의 역할을 해 주었으면 좋겠습니다.

주인공의 체험과 행동이 바르고 그름을 떠나 '미미한 것'이라 하여도 보탬이 되었으면 하는 소박한 바람도 있습니다.

세상사 모든 일 중에서 힘든 생활을 겪으신 분에게는 "나 혼자에게 있었던 나 혼자만의 불행한 일이 아니었구나" 하는 위안이 되었으면 하는 소망(所望)도 있습니다.

주변의 가까웠던 혈육이나 친지에게 여러 가지의 아픔을 당한 분들에게는 동병상련(同病相憐)의 연민과 따뜻한 눈길도 보내 드립니다.

글을 읽다 보면 어떤 형식에 맞는 글도 아니고, 주제에 해당 되지도 않는 내용을 나열하여 "왜 필요 없는 글을 썼을까?" 하는 의아심이 들 때도 있고, 좌충우돌하는 부분이 많다고 생각하실 것입니다.

별다른 뜻 없이 단순히 소재의 지루함(딱딱함)을 가볍게 해보려는 의도였습니다.

덤으로 처리한 글은 버리기가 아깝다는 생각이 들어서….

영화에서 편집하며 '삭제된 장면' 같은 것이라고 여기시며, 애교로 읽어 주시기 바랍니다.

심현영

※ **덤**

찾아보기

※ 찾아보기에서 표시한 페이지에 있는 '양식'은 완벽하다거나 모범 답안은 아니지만 '이러한 형식이다'를 나타내었습니다.

- 현실(사건)에 맞도록 응용하시면 대략 될 것입니다.
- 본문 중에서 무작위로 제시한 것입니다.

❦ 용어 설명(使用語 說明)

- 민사재판(民事裁判) : 민간인 이해 관계자의 재판.
- 형사재판(刑事裁判) : 국가 공권력이 범죄 혐의자를 처벌하기 위한 재판.
- 원고(原告) : ① 민간인이 재판을 해 달라고 법원에 요구한 사람.
  ② 형사사건에서는 검사.
- 피고(被告) : ① 원고의 상대편.
  ② 형사사건에서는 죄가 있다고 판결을 받은 사람.
  '죄인=피고인'이라고 해석함.

  ※ 민사사건에서 원고, 피고는 다수인이 될 수 있으나 형사사건에서의 원고는 사법기관(검사)입니다.
- 피의자(被疑者) : 죄가 있다고 의심이 드는 사람(형의 확정 전에는 죄인이 아님).
- 참고인(參考人) : 사건에 참고가 되는 인물.
- 증인(證人) : 재판정의 증언대에서 증거를 말하는 인물.
- 확인자(確認者) : 증거를 확인해 준 사람.
- 소외(訴外) 인물 : 사건과 직접 관계가 없는 인물이면서 거론 되는 사람(간접 관계는 있음).

• **소외(訴外)사건** : 다른 사건.

• **고소인(告訴人)** : 당사자가 상대편의 처벌을 요구하는 사람.

• **고발인(告發人)** : 제3자가 상대편의 처벌을 요구하는 사람.

• **피고소인(被告訴人)** : 고소, 고발을 당한 사람.

• **조정실(調停室)** : 공개 되지 않은 장소에 당사자를 불러서 심의하고 화해 시키려고 하는 곳, 밀실.

• **법정(法廷)** : 재판 과정을 공개하며 진행하는 곳, 재판정.

• **출석일(出席日)** : 형사사건에서 출석하여야 하는 일자. 민사재판에서 변론준비기일, 변론기일과 똑같은 말이라 생각해도 일반인에게는 크게 무리 없을 것 같습니다.

• **공판일(公判日)** : 형사재판에서 죄의 유, 무를 심의하는 일자.

• **변론기일(辯論)** : 민사재판에서는 재판정에서 자기의 주장을 하는 날짜.

• **선고일(宣告日)** : 판결을 내리는 일자.

• **내용증명*** : 본인이 상대편에게 의사를 전달하기 위하여 쓴 편지를 3부 (복사)작성하여(본문에 수신인, 발신인의 주소 성명은 필수 기재), 우체국에서 내용을 증명 받아 보내는 우편물로 나중에 증거로 사용하기 위한 당사자끼리의 편지.

• **소장*** : 민사재판을 해 달라고 맨 처음으로 법원에 제출하는 서류.

• **청구취지 및 청구원인 변경신청서*** : 소장의 내용을 변경할 때 제출함.

• **반소장*** : 민사재판에서 원고에게 대항하기 위한 수단으로 하는 반대 소송장.

• **준비서면** : 재판을 진행하면서 원고가 주장, 반박을 제출하는 서류.

• **답변서*** : 용어 그대로 답변서(피고의 답변과 주장을 제출함).

※ (*)표의 서류는 모두 3부씩 작성하여 2부는 법원에 제출하고 1부는 보관합니다(상대편이 여러 명이면 3부+상대편 인원 수).

• **채권계산서** : 경매신청사건에서 최종 채권액을 신고하는 서류.

• **소송비용청구서** : 소송비용 확정 신청서의 확인을 받아 제출함.

• **고소장(고발)** : 경찰서, 사법기관에 고소하는 서류.

• **사건 이송 요청서** : 사건이 주소지와 다른 지방의 사법기관에 접수 되었을 때 대응하여야 되는 인물이 조사, 재판 받기 편리한 사법기관으로 변경해 달라는 요구서.

• **보정명령** : 법원에 제출한 서류의 자료가 부족하다고 보완하라는 재판관의 명령.

• **보정서** : 보정명령 내용을 보완하여 제출하는 서류.

• **준비명령** : 원고, 피고에게 법원의 요구에 충족시켜 달라는 명령(준비명령이 있으면, 곧 판결되겠다고 생각해도 크게 무리 없습니다).

• **약식명령** : 가벼운 죄의 처분(벌금형)에 대한 명령.

• **정식재판** : 약식명령에 불복하여 처분 받은 자가 정식으로 재판을 청구함.

• **항소장** : 원심(지방법원)의 판결에 불복하여 고등법원에 제출하는 소장.

• **항고장** : 지방검찰청의 처리 결과에 불복하여 고등검찰청에 제출함.

• **상소장** : 항소심(고등법원)의 판결에 불복하여 대법원에 제출하는 소장.

• **승소** : 재판에서 이기다.

• **패소** : 재판에서 지다.

• **시효**(時效) : 취득, 소멸에 대한 기간(시효가 지나면 법에 적용 안 됨).

• **공증**(公證) : 공정증서의 줄임말로 공증변호사가 작성한 서류로 민사재판에서 판결문에 버금가는(동일할 수 있는) 증거 서류.

※ 용어설명은 정확한 법률적 해설이 아닐 수도 있으나 비슷한 뜻입니다.

❦ 나오는 사람

- 진실한(眞實韓) : 도전 정신이 강함.
- 허인영(虛人影) : 사람이라고 할 수 없음.
- 고의성(故意成) : 어수룩하게 보이지만 모든 것을 감추려고 함.
- 송민형(訟民刑) : 민사, 형사사건으로 생계를 유지함.
- 안조은(贋造罌) : 속이는 잔재주 있음.
- 여선미(女善美) : 착하고 아름다움.
- 전다원(前茶院) : 이름과 동일한 직업에 종사할 때 인기 있었음.
- 맹숙자(盲淑子) : 보통 사람. 자식에 대한 애정이 강함.
- 공구호(空口號) : 허공을 보며 소리 지르는 가상 인물.
- 석재수(石災愁) : 돌. 참견을 좋아하여 쓰리고 광박 피바가지까지 씀.
- 최정우(最正優) : 정의롭고 의리파 사나이.

- 노오놈(奴傲者) : 인정머리 없음.
- 명의술(名醫術) : 술병 잘 고침.
- 손노문(孫努文) : 솔로몬의 후예. 슬기로움.
- 박문수(朴文秀) : 아직도 암행어사 기질이 남아 있음.
- 공평한(公平寒) : 원자저울보다 더 정확함. 찬바람이 날 정도.

대장정(大長征)에 올랐다.

많은 시간이 걸리고 지루해질 수 있는 싸움을 시작한 것이다.

보통의 사람들은 '칼을 간다'는 섬뜩한 표현을 한다.

나의 문제는 전문가에게 의뢰하면 실익이 없는 일이라서, 기회가 오면 해결하려고 와신상담하며 노심초사하고 짬을 내어 공부도 하고 증빙자료를 보관하면서 인내심을 발휘하며 기다려 왔다.

이제는 시간의 여유가 많으니 지금부터 '한을 풀려고' 한다.

용서는 절대 안 하되 증오심(憎惡心)을 갖지는 않겠다.

노승발검(怒蠅拔劍)하는 행동은 아닌지 한 번 더 생각했다.

우체국에 가서 내용증명도 보냈으며, 지나다니는 사람들이 볼 수 있도록 '사기 행각을 고발합니다'라는 「시위용 의상」도 만들고, 호소문을 작성했고, 만반의 준비와 각오를 했다.

내용증명

수신 : 보문광역시 금정구 적선동 275-2
허인영 전화 : 091-785-6381 / 0166-9000-3240

발신 : 보문광역시 성동구 양덕동 257-18
진실한 전화 : 091-880-8657 / 0111-4190-7777

허인영 군. 장사는 잘되고 있는지,
양덕동 형님이다.
내용증명을 띄우는 것은,
1993년 4월 30일에 한라도 땅을 매입해 준다고 하며 자네가 현금보관증을 써주며 갖고 간 3,000만 원의 나머지 금액 2,900만 원을 반환 받기 위함이다.

2004년 3월 15일
진실한

호소 드립니다.

불법행위를 교묘히 저지르는 사람은 잘살고,
어이없이 당한 사람은 힘들게 사는 불공평함을 고발합니다.

10여 년 이상을 "돈은 준다, 기다려 달라"고 말하며 반환해 주지 않습니다.

— 中 略 —

답답한 마음을 호소합니다.

허인영을(0166-9000-3240) 처음으로 만나게 해주시는 분에게 후사하겠습니다.

2004년 4월 일
보문광역시 성동구 양덕동 257-18
진실한
전화 091-880-8657 / 0111-4190-7777

❖ 2004년 4월 3일

'허상식당' 앞 도로에 앉아 담배 한 대를 깊게 피우고, 입술이 마르는 것도 같아 립크림을 바르고, 목이 말라 물을 한 잔 가득 담아 마신 후, 격한 감정이 가라앉도록 심호흡을 했다. 모든 행동은 가능한 법의 허용 범위 내에서 하되, 범법 행위는 최소한의 대가가 지불되도록 바라며, 「일인 시위」를 시작했다.

허인영은 출근하면서 대뜸 하는 소리가 "이제 막 가는구나" 하며 상스러운 소리를 늘어놓기에 나는 양손으로 귀를 막으며 내가 걱정되어 근심스러운 표정으로 함께 따라온 죄 없는 처에게 "사기꾼 소리 듣기 싫으니 빨리 가서 조그만 라디오를 사와!"라고 소리 질렀다.

시위 복장으로 길 옆에 앉아 있으니 호기심 많은 사람들은 무슨 연유냐고 묻기도 하여 호소문을 주었더니 허인영은 평소 주변에서 인심을 잃었는지, "이게 사실이라면 나쁜 사람이구먼, 그런 사람은 아닌 것 같던데……" 하면서 고개를 갸우뚱하는 사람도 있었다. 빌딩의 사무실에 근무하는 분들은 "하루 종일 고생스럽게 계시지 말고 사무실에 오셔서 휴식도 취하고 차도 드시면서 하세요. 그는 인간이기를 포기한 사람입니다"라고 하며 친절을 베풀어 주었다.

얼마나 인심을 잃었으면 처음 보는 나에게 이러한 말을 전

할 수 있는 건지 전혀 가늠되지 않는다.

점심시간이 되어 식사하려고 손님들이 왔을 때 평상복 차림으로 식당 안으로 들어가 카운터에 앉아 있는 허인영에게 "내 돈을 달라"고 말했더니, 치안담당서(治安擔當署)에 '업무방해'로 신고하여 요원(要員)이 도착했다.

요원들이 식당 안으로 들어가기에 시위 복장을 벗고 뒤따라가 "선생님들 요원이 맞습니까. 왜 민간인의 채권 채무에 관계합니까" 하니, "업무방해의 신고가 들어와 조사하는 겁니다" 한다.

신고자의 조사를 마친 요원들은 나에게 "무슨 일이냐?"고 묻기에 대답하기가 귀찮아 「호소장」을 주며 "이 글에 쓰인 내용입니다" 했더니, 수습 기간 중의 신입사원 같이 보이는 젊은 요원이 얼굴을 붉히며 "당신 신고하고 시위하는 겁니까" 하며 묻기에, 주민등록증을 꺼내 보이며 "저는 이러한 사람입니다. 겉으로 보면 당신이 요원같이 보이지만 아닌 것이 분명하니 신분증을 보여주세요" 하니 순진한 그는 졸지에 당하는 역습이라 신분증을 보여 준다.

신분증을 확인한 내가 "신분증을 보니 맞는 것 같은데 시민들의 안전을 지키는 요원이 기본적인 걸 모르고 있습니까. 일인 시위에 무슨 신고가 필요합니까" 하니 당황해 했고, 옆에 있던 고참 동료는 "저희라고 만물박사는 아닙니다. 이해하세요" 하기에, 나는 "그래도 그렇지요"라고 대꾸했다.

요원들은 업무방해 혐의는 있으나 돈 받을 내가 딱했는지 그대로 돌아갔고 모였던 구경꾼도 흩어졌다.

10여 분 후, 사람들이 하나 둘 모이며 "대단하십니다. 저는 여태껏 살아오면서 요원에게 신분증을 보여 달라고 하면서 꾸중하는 사람은 처음 봅니다" 하고 경의(?)를 표하기에 말없이 빙그레 웃어 주었다.

식당 손님도 뜸한 것 같고 배가 고프기도 하여 집에 와서 휴식을 취한 후 전의를 가다듬었다. 다시 현장에 도착하여 시위를 했지만, 허인영은 피해 버리고 그의 처 전다원이가 혼자 있기에 "내 돈 떼먹은 당신 남편 어디 갔소" 하니, 그녀는 흥분하여 밖으로 따라 나오면서 듣기 거북한 소리를 했다. "YY출신이라 다르구나. 본처하고 이혼시키고 늙은이랑(그의 나이는 59세이고, 그녀는 38세) 살아보니 재밌더냐"고 응수했다.

한참 동안 무언의 시위를 계속하고 있으니 전다원이 또 나와서 "너 내가 비디오를 설치하여 고소한다"라고 하기에 "그러냐"고 시큰둥하게 대답하며 김 빼기 작전을 썼다.

조용한 시위를 하여도, 약점을 잡히지 않으면서 내가 얻고자 하는 목적(폐업)을 충분히 달성할 수 있다는 확신이 들어 가벼운 마음이다.

❖ 4월 4일

찬란한 아침 햇빛이 온 세상을 밝게 해주지만, 내게는 신경전의 하루가 될 것이다.

재해방제처(災害防除處)에 전화로 허상식당의 계단에 식재료가 많이 쌓여 있어 불행한 일이 일어나면 대피하기가 곤란할 것 같다고 신고하니, 방제관들은 건물 전체의 소방 점검을 한 후 "조치했다"고 답변해 주며 결과 내용은 우편으로 보내주겠다 한다.

허상식당에 식대를 지불하고 간이영수증을 받은 후, 음식을 그릇에 담으며 주방을 무심코 바라보니 지저분하다.

식사 도중 전다원에게 "만나게 연락해 주든가, 집을 알려주세요" 하니 거절하였다. 그녀는 비디오카메라를 꺼내어 내 모습을 촬영하면서, "손님에게 방해되니 조용히 말하라"고 하였지만 "종합건강검진에도 내가 가는귀가 먹었다고 판명되었어요. 작은 목소리로 말하면 어려워서 자연적으로 목소리가 크게 나옵니다. 이해하세요"라고 대꾸했다.

식사를 끝내고 "현재 식사 인원이 모두 13명이고 금요일입니다. 맛있게 잘 먹었습니다" 하며 자연스러운 인사를 하니, 난처해하며 어떻게 대응할지 몰라서 당황하는 기색을 보인다.

앞으로 출입 인원을 확인하여 세금을 포탈한다는 생각이 들면 탈세 혐의로 고발할 예정이다.

구청에 전화로 허상식당의 주방이 청결하지 않아 불쾌감이 든다고 신고했고, 오후 4시경 허인영의 요구로 다방에서 만났으나 만족스럽지 않아 그를 무시하고 다방을 먼저 나왔다.

오후 5시경, 식당 앞 노상에서 무언의 시위를 하고 있는데 전다원은 나의 시위 모습을 사진 찍었다. 한 시간여가 지나고 그녀는(허인영 지시의 음흉한 음모) 시위하는 동영상을 비디오카메라로 촬영하려 하기에 "촬영하지 마세요. 만약 촬영하면 초상권 침해로 고소하겠습니다"라고 하니, 겁이 나는지 촬영하지 못한다.

30여분 후, 전다원이 "장사도 안 되고, 이제 장사를 그만하고 쉬기로 했습니다. 한라도로 이사 갑니다" 하기에 "나도 한라도에 따라가지요"라고 응수했다.

허인영은 돈을 돌려주기는 아깝고, 안 줄 수도 없는 진퇴양난의 고통의 늪에서 허덕거리며 헤어나지 못하고 있는 것 같다.

십 년을 넘게 금연하던 그가 담배를 잇달아 피우며 괴로워하는 걸 보니 불쌍하다는 생각이 들어 순간적이나마 동화* 되었지만, 내 마음의 한 부분을 어렵게 했던 것을 절대 그냥 두지 않고 값을 치르게 하겠다.

---

* 동화(同化) : 납치된 자가 납치범과 같이 생활을 오래하다 보면 납치된 자는 자기의 어려운 처지를 잊고 납치범을 동정하며 납치범에게 적극적으로 협조하여 동조되는 심리학적인 현상.

허인영은 '철천지원수'다.

오후 8시 30분경, 토지 매도인 고의성에게 전화를 걸어 "지난번에 땅의 이용을 현재 심겨져 있는 작물의 수확이 끝나는 5월 31일까지만 하라"고 했던 것을 취소하고 경작을 계속하라고 말했다.

고의성을 증인으로 채택할 것을 계획하고 사실대로 증언하도록 미리 준비한 것이다.

❖ **4월 5일**

한식날이다. 우리 고향 사람들은 연례행사로 한식날을 전후로 객지에 나가있는 사람들이 귀향하여 조상의 묘소를 돌보며 친목을 도모한다.

집식구는 경기도 평택에 모신 조상 묘지에 가고 나는 허상식당으로 갔으나 출입문이 잠겨있기에 같은 건물의 사무실에 알아보니 휴일은 장사 안 한다고 하여 평택으로 출발했다.

묘지에 도착하니 마침 허인영 부부가 우리 조상님 묘지에서 조금 떨어진 곳의 그들 조상 묘에 있기에 "자네 이제 성공해서 장사를 안 하고 한라도로 이사 가서 노후를 편히 지내려고 한다는 소문이 들리는데 정말인가? 반가운 소식이다. 먼저 가서 터전을 마련해 놔라. 나도 공해가 없는 한라도에서 남은 생을 보내려고 한다. 이사를 가기 전에 내 돈은 주고!" 하며 빈정대는 말투를 하면서 인사를 하고 보니, 비디오 카메라를 갖고 있기에 '어쩔 수 없는 짐승들이구나. 고향 사람들이 모여 있는 장소에서 몸싸움을 유발 시켜 폭력 행위를 촬영하기 위해, 사정이 있어 참석하지 못한다고 했던 강원도 태백에 살고 있는 그의 친형을 증인으로 삼으려고, 형을 꼭 오라고 그렇게 사정했었구나'라고 생각하니 치졸함에 대한 웃음도 나오고, 울분을 터뜨리고 싶었지만, 불편함을 숨기고 음료수도 권하며 태연한 척 했다.

허인영에게 "돈을 주지 않으면 시위는 계속하고 민사소송을 청구하겠다" 하니 지금까지의 태도와는 돌변하여 도둑배짱을 부리기에 "한림 땅도 사기 친 것 아니냐" 했더니 "사람 잡지 말라. 한림은 무슨 한림이냐. 당시 고의성이가 땅값이 많이 올랐다고 억지를 써서 할 수 없이 주었다고 하지 않았느냐"고 처음 듣는 말을 하며 막무가내였고, 나는 말을 잃었다.

"한 번 실수하지 두 번 실수하느냐?"는 그의 말에 속은 내가 멍청이다.

'한 번 도둑 끝까지 도둑'이라는 새로운 속담을 만들고, 어감도 부드러운 '세 살 버릇 여든까지'는 아껴두어 좋은 뜻으로 쓰려고 한다.

점심을 먹고 있는데 고향어른 한 분이 내가 도착할 시간이 지나서 무슨 일이 없는지 걱정을 했다고 하시기에 허인영을 빗대어 언뜻 생각해 낸 말이, "아 글쎄! 청석골 휴게소에서 급한 일을 보고 출발하려니까 잘생기고 꽃미남인 저에게 젊고 예쁜 여자가 반했는지 같은 방향이면 앞좌석에 태워 달라고 하는 거예요. 이거 웬 복이냐 하는 생각도 들고, 매력도 느꼈지만 곧바로 손자 생각이 나서, 머리 나쁜 저는 태워 줘야 할지, 말아야 할지 판단이 잘 안 되어 한참을 고민하다가 늦었습니다" 했더니 허인영 부부의 얼굴은 일그러지고 다른 분들은 내가 무슨 말을 하는지 알면서도 시치미를 떼며, "찬규 할머니는 이제 큰일 났네" 하며 박장대소를 한다.

담배가 피고 싶어 담뱃갑을 열어 보니 빈 갑이다(머피의 법칙). 참지 못하고 담배를 사러 가려고 후진하다가 차가 그만 밭고랑에 빠져 꼼짝을 안 한다. 30년 넘는 운전경력자가 초보운전자도 하지 않는 실수를 한 것이다. 허인영 앞에서는 강한 척, 센 척 하고는 있지만 한림 땅도 사기 당했다는 충격에 내 자신을 주체 못한 것 같다. 정신 차려야지.

내가 천연한 표정을 짓고 행동하니 허인영은 소득이 없겠다고 판단했는지, 묘지의 풀 뽑는 일이 끝나지도 않았는데 일이 있다고 핑계를 대며 간다.

먼저 가는 뒤통수에 대고 "야 이놈아, 아무리 바쁜 일이 있어도 비디오를 갖고 왔으니 좀 찍어주고 가지 벌써 가냐?"라고 크게 말했다.

그를 무저갱(無抵坑) 팀의 말단 직원으로 취직 시킬 수는 없을까?

한 번만 취직 시켜주세요. 부탁입니다. 소원입니다.

❖ **4월 6일**

아침부터 비가 내린다.

자연은 나의 불편함엔 관심도 없고 아름다운 꽃이 잘 피도록 제 할 일만 한다. 야속하다.

허상식당에 도착했지만 '내부 정리 중'의 안내문을 붙이고 장사를 않기에 휴대폰으로 연락했더니 전화를 받지 않았다.

"도망가도 한국에서 살면 끝까지 따라가 돈을 받아 낸다. 이민을 가면 포기한다"는 음성 메시지를 남겼다.

앞으로 어떻게 전개 될지 모르고 상처뿐인 영광이지만, 우선은 내가 이겼다는 쾌감이 든다.

그는 '바보 같은 짓을 하는구나'라고 생각하니 너무 좋지만, 통쾌한 기분도 잠깐이고 '……' 하는 어려운 부분도 있다.

또 한편으로 이 사기꾼은 분명 무슨 음모를 꾸미고 있다고 경계하며 여러 가지 상황을 연상해 보고, 가상의 상황에 대응하는 연습도 해보았으나, '술수를 부리고 있다'고 생각은 들지만 뾰쪽한 답이 나오지는 않는다.

허인영을 매장 시키기 위해서는 '행동' 뿐이라는 생각으로 시위를 시작했지만 막상 식당 문을 닫으니 털닌다(긴장되어 '떨린다'라는 단어가 안 나온다).

❖ 4월 8일

오랜만에 온 가족이 외식을 했다.

그동안 서로 나누지 못한 정담도 나누고 웃고 떠들며 나를 제외한 모두에게 재미있고 즐거운 시간이었다.

나도 겉으로는 즐거워했지만, 속내는 허인영이 머릿속을 어질러 놓는다.

식사를 마치고 집으로 오는 도중 허상식당이 오늘도 장사를 않는지 확인하고 싶어 지나다 보니 장사를 하기에 식당에 들려 "장사 시작했구나, 형님이 오늘은 쉬고 내일부터 다시 출근(시위)하지" 했더니, 태연하게도 "그러게나" 한다.

❖ 4월 9일

허인영은 어제 식당 인수인에게 장사하는 방식을 가르쳐 주느라고 있었던 것이었고, 폐문 2일 동안은 재고품 조사 및 업무 인계를 했던 것이었다. 뒷골이 멍하다. 씁쓰레하다.

내가 이렇게 아둔해도 한참 아둔하답니다.

구청에서 4월 4일 신고한 식당 주방의 상태를 고발한 결과의 통보를 받았지만 직무원은 업주가 바뀌고 페인트를 칠하여 지적할 사항이 없다고 한다.

식당에 가니 새로운 업주가 있었다.

주인은 일면식도 없는데 허인영과 관계있는 것으로 직감했는지 반갑게(가식) 맞이해 주었다.

개업을 한다고 많은 사람이 왔지만 믿음이 가지 않는다.

보통 새로운 업주는 관계가 없는 일이지만, 도와 달라는 형식의 말을 하는 것이라고 생각하는데, 이 사람들은 그렇기는커녕 화를 돋우기만 한다.

'내가 하찮고 한심하게 보였겠지…….'

나 스스로를 보아도 시위 복장의 내 꼴이 우스꽝스럽고 기가 막힌다.

업무방해 한다고 허상식당 새 업주 맹숙자가 신고하여 요원들이 조사했지만 그들 역시 그냥 돌아간다.

▶ 법률구조공단의 상담을 받고 민사소송을 청구했다.

혼자 '아마겟돈*'에 도시락(도우미**)도 없이 소풍(消風)

---

* 아마겟돈 : 사법기관

** 도우미 : 변호인(법무사)

간다.

아마겟돈에 가서 'Go! Go! Go! 쓰리고!'라고 큰 소리를 지르려 한다.

한 가지 아쉬움은 민사적 판정을 청구하기 전에 최우선으로 채무자의 재산 파악을 하여 '가압류'를 해 놓고 소송을 진행해야만 승소 후 채권을 확보할 수 있다. 재산을 알 수 없으니…, 최악의 경우 승소 판결문이 '휴지'가 되어도 허인영의 사회생활에 부도덕함이 알려지고 정신적인 괴롭힘을 줄 수 있다면 만족하려는 생각이다.

집 전화에 "주인을 만나고 싶다"는 내용이 녹음되어 있어 연락했더니, 고향을 묻고 동향이라며 "호소문의 내용대로 자기도 당했다"고 피해 사연을 하소연한다.

그는 증빙자료가 없어 법적 대응을 못했다고 푸념을 하며 힘들어했다.

판정원(判定院) 정문에 '거래할 때 증거 남겨 분쟁을 줄입시다'라고 걸어 놓은 캠페인 현수막이 눈에 들어온다.

소 장

원고 진실한(4807××-145××××)
보문광역시 성동구 양덕동 257-18(우편번호 123-456)
전화 : 091-880-8657 / 0111-4190-7777

피고 허인영(4811××-140××××)
보문광역시 금정구 정선동 275-21(우편번호 234-567)
전화 : 091-785-6381 / 0166-9000-3240

손해배상(기) 청구의 소

청 구 취 지

1. 피고는 원고에게 지불해야 할 금 2,900만 원 및 이에 대한 11년간의 이자를 정기예금보다 이율이 낮은 1년에 10%씩 계산하여 이자 5,374만 원의 합계 금액 8,274만 원과 재산상의 피해액 1억 원을 합산한 182,740,000원을 본 소장 송달 받은 다음날부터 다 갚는 날까지는 연 20%의 비율에 의한 이자를 포함한 돈을 지급하라.

2. 소송비용은 피고의 부담으로 한다.

3. 위 제1항은 가집행할 수 있다.

라는 판결을 구합니다.

청 구 원 인

1. 원고는 피고의 권유로 1993년 4월 30일 피고에게 현금보관증을 받고 3,000만 원을 주면서 "3,000만 원어치의 땅을 사라"고 했습니다만, 피고는 한라도 북한라군 대정읍 상모리 2,882번지의 땅 2,000평을 100만 원에 매입하고 3,000만 원에 매입했다고 허위 주장합니다.

2. 원고는 1993년 6월 9일에 사취당한 것을 알고 고소하려 했지만 약한 마음이 들어 고소를 못했습니다.

3. 비록 고소는 안 했지만 원고는 피고에게 수차 "2,900만 원을 돌려 달라" 했으나 환불하지 않았고, 2004년 4월 5일 고향에서 피고를 또 만나 원고는 피고에게 돈을 달라하니 "무슨 돈을 달라는 것이냐" 하는 기막힌 소리를 합니다.

피고는 2,900만 원의 원금과 11년 동안의 이자를 정기예금보다 이율이 낮은 1년에 10%씩 계산하여 이자액 5,374만 원의 합계금액 8,274만 원과 재산상의 손해액 1억 원을 합산한 182,274,000원을 지불해 주도록 청구합니다.

4. 따라서 피고는 원고에게 지불할 182,274,000원과 이에 대한 이 사건 소장 부본을 송달 받은 다음날부터 다 갚는 날까지는 소송촉진등에관한특례법에서 정한 연 20%의 비율에 의한 이자를 지불하라고 청구합니다.

입 증 방 법(생략)

첨 부 서 류(생략)

2004년 4월 9일

위 원고 진실한

보문지방판정원 귀중

❖ **4월 10일**

집 부근의 교회에 가서 '새벽 기도'를 올렸다.

20여 년 전에 아내가 저열염(低熱炎 : 혼수상태가 지속되면 몸이 싸늘하게 되는 내가 이름 붙인 병명)으로 사경을 헤매고 있을 때, "하느님 불쌍한 어린양을 구원하옵소서"라고 기도 드렸던 기억이 '파노라마' 되어 펼쳐진다.

오로지 손익 계산을 약삭빠르게 하는 나쁜 자들(Voice of 神) 거의 모두가 그렇지만 어려움이 있으니, 나 역시 간사(당연)하게도 의지하게 되는 게 조금 미안하다.

"하늘님 쏘리예요."

"힘이 듭니다. 제가 힘이 나도록 용기를 주시고 도움을 주옵소서!"

내가 살아오면서 어려움을 당했을 때 "하늘에서 아래를 내려다보면, 삶을 힘들게 하는 엄청난 문제들이 티끌만도 못한 작은 일이고, 시간이 지나면 자연적으로 해결 된다"라고 목회자 한 분이 위로해 준 말이 이 순간에 왜 생각이 날까.

가끔은 그 말씀이 맞기도 하고, 아닌 것도 같다.

'폼페이 최후의 날'을 상상하면 세월이 흘렀으니 그런 것 같고, '쓰나미, 허리케인, 남아시아의 지진'을 보면 틀리다는 생각이다.

우리 삶의 문제들은 '뫼비우스의 띠'처럼 끝이 없다고 인정하며, 모든 것을 긍정적인 생각을 가지려고 노력은 하지만…….

지나온 세월 중에 포기하고 싶었을 때도 있었으나, 내게 힘이 되어준 것은 극한 상황(전투)에서 갈증이 심하게 났을 때, 논바닥에 찍혀 있는 발뒤꿈치에 고인 마지막 남은 물을 혀끝으로 찍어 먹던 행복감(?)이 지탱하여 주었다고나 할까?

아침 운동을 하러 가다가 순찰요원이 주차장에서 대기하고 있는 것을 보고, 알고 싶은 것을 묻고 그의 대답에 실망하고 있으니, 사정을 묻기에 자세히 답했더니 "도우미를 선임하셔야 되겠습니다" 라고 했으나, "저는 선임할 수 없는데요" 했더니 안타까운 표정이었다.

뉴스에서 올해는 전염병 '저열염'이 창궐할 것 같으니 주의해야 한다고 하며, 뇌의 손상 사진을 보여주며 해설을 한다.

저열염을 앓으면 치사율이 30%이고 나머지는 뇌가 많이 파괴되어 어렵다는 보도를 들으니, 옛날 의사선생님이 말씀

해 주신 '기적' 소리가 들린다. 내 경우는 다행스럽게도 어렵다가 아니고 '매우 작은 불편'이다. 그 불편함의 크기를 말하면, 의학적으로는 달리 설명할 수 없고 오로지 진실한의 지극한 정성의 간병으로 이루어낸 공로이므로 간호원들이 모금하여 큰 공덕비를 세워야 한다는 의견이 들끓었었다.

찬규 할미는 인정하라.

❖ 4월 11일

하늘이 잔뜩 흐려 있다.

맹숙자는 처음에 피고에게 요구한 금액을 받으면 용서할 수 있느냐고 묻기에, 이제는 그럴 수 없다고 말했다.

맹숙자(허인영)는 은근한 합의를 기대하지만, 나는 "사람이 돈으로만 사는 것은 아닙니다. 따듯한 정도 필요하지요. 허인영의 행각은 괘씸합니다. 민사적 판정을 청구했으니 기다리겠습니다" 하면서, "어젯밤에 허인영과 어떤 말을 했나요"라고 질문하니 만나지 않았다고 펄쩍 뛴다.

어젯밤 9시경 피고의 자동차에 맹숙자가 동승하고 출발하는 것을 목격하고 차량번호를 수첩에 기록하여 알려준 사람이 있는데…….

맹숙자와 대화 후 1시간가량이 흘렀다.

어떤 여자가 식당에서 나오면서 "저는 허인영 집사님을 잘

압니다. 타협하여 좋게 하세요" 하며 입가에 미소를 띠고 애교를 부리는 그녀에게 "식당 앞 4차선 도로를 양쪽 모두 차단시키고 돗자리를 깔은 다음 상석에 나를 앉히고, 수표는 안되고 현찰로 1억 9,000만 원을 들고 와서 잘못했다고 사정하며 큰절을 10번 하면 용서하겠다"고 했더니 '앗 뜨거!' 하는 몸짓으로 발걸음을 총총거리며 도망가듯이 사라졌다.

피고는 원고가 오랜 세월을 참으며 기다린 줄 모르고 원고를 깔보고 우습게 알다가, 원고가 증거를 대며 소송을 진행하니 이제 와서는 빨리 수습해야지 그렇지 않으면 문제 된다고 판단하는 것 같다.

이 사람 저 사람에게 자문을 구하는 것 같기도 하고, 도우미들과 상의해 보니 '보문지역사회' 같은 좁은 바닥에서 패소할 확률이 높은 사건이니까, 이력서에 '도우미 손노문은 Q사건을 패소했다'라는 오점이 남을까 두려워(?) 사건 수임을 거절하는 양심적인 도우미와 의뢰인의 수임료에 집착하는 질이 안 좋은 도우미를 만나지 않은 것 같기도 하다. 하여튼 어려운 상태가 된 것 같다는 소아적인 발상이지만 지금까지 내가 살아온 사고방식과, 같은 값이면 내 기분이 좋은 방향으로 생각했다.

피고는 합의를 하려고 사람을 동원한다.

나 역시 적당한 선에서 합의하여 실익을 얻고 조용히 끝내고 싶은 유혹도 생겼지만 내가 '정의의 사도'도 아니면서 오기가 용솟음 치고, 판정이 진행 되면 피고는 분명 처음 사건의 시작이 사기 행각으로 이루어진 일이니 판정원에 거짓을 말할 것이다. 그러면 나는 그를 '소송 사기죄'로 고소하여 옛날에 사기죄, 배임죄 혐의로 처벌하지 못한 한을 풀어 처벌받도록 하려 한다.

판정 과정을 견학하려고 들린 판정장에서 판정관이 '증거가 완벽해도 승소한다는 보장은 없다'고 말하며 소송 당사자의 방자한 태도를 나무라는 걸 보았다.

원래 엿가래는 '엿장수 마음대로'이니까 판정은 예측할 수 없는 것이지만, 진실한의 '원고 승소'의 결과를 얻는다면 얼마나 좋을까.

소송을 시작했으니 판정의 결과를 기다려 보자. 긴 세월을 기다렸는데 몇 년 더 기다린다고 조갈증이 나면 얼마나 더 나겠는가.

❖ 4월 12일

피고 허인영은 허위로 가득한 내용증명을 보내왔다.

내용은 대답할 가치도 못 느꼈고 본 건이 피고의 사취 목적으로 시작된 사건이라 허위 사실의 열거뿐이다.

응답하지 않으면 판정에 영향이 있을 수도 있겠다는 생각이 들어 예의를 갖추어 답변을 보냈다.

처와 함께 허상식당 부근의 호떡집에서 오랜만에 호떡을

먹었는데 동심이 되었고 맛도 좋았다.

호떡집 주인은 피고의 집을 자세히 알려 주었고, 허인영이 다니는 같은 교회의 교인은 교회의 위치와 이름을 알려 주고 고향 사람 한 분은 허인영이 자기 집의 앞집에 살고 있다며 도움을 주었다. 민사적 판정을 청구했으므로 허인영을 만날 필요는 없다. 그러나 피고 허인영이 살고 있는 집의 소유주는 확인해야 한다.

피고를 사회적으로 매장 시키기 위해서는 식당 앞에서 일인 시위를 하는 것이 최선의 방법이라는 판단으로 시작한 시위였다.

실익은 없지만 시위는 재미(?)로 하는 것입니다.

(식당의 주 고객이 '에고티즘 종교*'의 교인들)

호소문은 피고의 사기 행각을 부각시키기 위한 방법일 뿐이지만, 사기꾼이라서 이름도 개명했다는 것을 강조하기 위해 옛날 이름을 추가했다.

호소문을 다시 쓰면서 내가 젊었을 때 본 서부영화, <용서받지 못할 자>에서 '클로즈 업' 시킨 'WANTED 100 $'의 현상금 붙은 얼굴이 떠올라 미소가 지어졌다.

4살 된 귀염둥이 손녀 예진이 말대로 "참 재밋따!"

---

* 에고티즘 종교 : 이 글을 위해 진실한이 황급히 만든 종교 명칭

내용증명

너 이오놈 식당을 파니 편해서 좋겠다.

허위로 작성하여 보낸 내용증명을 보니 대꾸할 가치가 없다 생각 들고 원수 같지만, 그래도 옛정을 생각해 답을 보낸다.

네 놈은 원래 어릴 때부터 마을에서 제일가는 거짓말쟁이라고 소문이 있었지만, 내용을 보니 모두 거짓이더라. "공탁금 대신 납부하였다"는 것의 거짓을 밝히기 위하여 황금은행으로 80만 원을 보낸 '입금증'을 보내니 남은 40만 원도 돌려 달라.

'위장'으로 식당을 팔고 제삼자(敎友)에게 '쓸개' 빠진 놈 같이 인계 시킨 것 아니냐?

이 바보 놈아! 환갑이 내일 모레인데 돈이 인생의 전부가 아닌 줄 아직도 모르느냐?

돈은 필요한 만큼 이외에는 예금통장에 기록되어 있는 숫자에 불과하다고 이 형님이 그렇게도 가르쳐 주었건만…….

돌대가리 같은 놈. 아이고, 석두야.

너도 이제 10년의 세월이 흘러보아라. 음식점이나 술집에 들어가려고 하면 주인은 네놈이 늙어서 보기 흉해, 분위기 흐린다고 달가워하지 않을 것이다.

뒤로 자빠져서 코가 깨질 놈아(不運女後顚倒陰部入石)!

야, 이 푼수야! 멍청한 놈!

2004년 4월 12일

진실한

❖ 4월 16일

식당 손님이 많아 주차장이 혼잡하다.

식당 주인에게 "모레부터는 불법주차 차량은 사진을 찍어 고발하겠으니 선의의 피해자가 발생하지 않도록 하라"고 하며 대처할 수 있도록 여유도 주고, 공손하고 친절하게 미리 알려 드리는데도, 예의 바른 행동은 감안하지 않고 업주 맹숙자는 골칫거리라고만 생각한다.

❖ 4월 17일

허상식당 손님들의 주차위반 차량에게 법을 지키라고 말하며 "위반하시면 사진을 찍어 고발하겠습니다"라고 하였으나 별다른 문제는 없었지만 복장, 인물 됨됨이 등으로 '주차 정리하는 직원'으로 오해는 받았다.

주차관리원으로 '채용' 제의가 들어오면 어떤 조건을 말해야 좋은 것일까 하는 즐거운 고민의 준비도 해본다.

힘든 일도 즐겁게 하면 즐거워지고, 즐거운 일로 만들면 즐겁다.

피할 수 없는 일이라면 즐겨 보자. 만약 오늘이 당신 인생의 마지막 날이라면 당신은 어떻게 하겠는가.

노예(이솝 형제)가 우화(寓話)를 지어내면서 킥킥거리며 얼마나 즐거워했겠는가. 후세에 명성도 얻어지고.

동양에서는 두 번째로 노벨문학상을 수상한 〈설국(雪國)〉의 작가처럼, "나는 쓸모, 능력, 잘남, 희망이 없다"고 주문(呪文)을 외우면 틀림없이 주술(呪術)대로 나쁜 결과가 이루어진다. 결국 자살했다.

업주에게 내일부터는 "손님 차량이 인도 통행을 하지 않도록 해서 불이익이 없도록 하지요" 하고 부드럽게 미소 띠며 건설적인 제의를 했다.

피고의 휴대폰에 "나를 고소했다고 맹숙자가 말하는데 기가 막힌다. 너를 사기와 배임죄로 고소하려다가 네 놈이 형무소에서 출옥한 지 얼마 되지 않았고, '채소 밭떼기' 장사를 하다가 큰 손해를 보고 가정도 파탄되고, 네 자식들이 어려서 용서해 주었는데, 너는 사람 사이(人間)도 모르는구나. 죄 있다면 처벌을 피할 수 없겠지만 영원히 기억하고 있겠다"라는 음성 메시지를 남겼다.

❖ 4월 18일

식당 손님의 법규 위반 차량 사진을 치안담당서 민원실에 접수하고, 정선동사무소에 들려 피고가 주소지에는 거주하지 않으나 우편물은 찾아간다고 하며 어떻게 하면 좋으냐고 직무원에게 상의했다. "원래 질이 나쁜 채무자는 그런 식으로 합니다" 하기에, 만날 수 있는 방법이 없느냐고 문의하였다.

사실이라면 주민등록을 말소 시킨다고 하며 "제가 도와 드릴 수 있는 건 그 뿐입니다"라는 답변에 그 방법이라도 좋으니 도와 달라고 민원을 제기했다.

❖ 4월 19일

위반 차량의 사진을 고발하려고 치안담당서에 갔더니 담당 요원은 잘못 촬영하여 애매모호하다고 하며, 다른 경우의 사진을 보여 주며 귀찮은 내색 없이 친절히 설명해 준다.

앞으로 매일 고발할 예정이므로 신고서가 많이 필요할 것 같으니 양식을 만들 수 있게 협조를 부탁하니, 잘 알려주어서 독자적인 서식을 만들었다.

❖ 4월 20일

허상식당에 들어가서 피고의 근황도 알아보고, 사업자등록 상에 업주가 어떤 사람이든 이 판정에 영향 있는 건 아니지만 위법 사실은 없는지, 호기심으로 전다원에서 누구로 변경되었는지 알고 싶어 영수증 발행을 요구했다.

영수증에는 사업주명이 변경되지 않았기에 "고용된 사장님 아닙니까"라고 질책성의 질문을 하며, 선불제 식비는 지불했지만 식사를 안 하고 그냥 나왔다.

'치안담당서 지구대'에 가서 사업주에 관하여 질의하였으나 만족스럽지 않았다. 구청에 들려 "허상식당의 주방이 혐오스럽다고 시정을 요구한 진실한입니다. 통보해 주신 것에 의문이 있으며, 잘못된 사실을 민원인에게 허위 통보했다면 그 직무원의 처벌을 원합니다" 하며 확인해 보니 잘못 처리하지는 않았다는 생각이다.

세원사무서(稅源事務署)에 알아보니 사업장 승계 후 20일 내에 사업자등록증을 변경 신청하면 법적으로 문제가 없다고 한다.

내가 너무 앞선 실수를 한 것이다.

법률구조공단에 들려 자문을 구하고 허상식당에 다시 가서 "식대를 환불해 달라" 하였고, 출입구 계단에 적재된 물품들을 가리키며 "재해방제처에 신고한 일이 있는데 앞으로 예고 없이 촬영하여 고발하겠습니다" 하니, 업주는 "우리가 무슨 잘못 있습니까. 허인영 집사님과 관계이지 우리는 무관하지 않습니까. 인격을 갖추신 분 같은데……" 하며 나의 인격을 모독했지만 인격 모독 부분은 미루어 두었다.

"사장님과는 일면식도 없었는데 무슨 원한이 있겠습니까. 이곳에서 그를 만날 수 있는 방법을 찾을 수 있을까 하는 것뿐입니다. 제가 피고의 집을 알면 왜 고생을 사서 하겠습니까. 어쩔 수 없습니다. 저 때문에 장사에 손실 있으면 식당 인수 계약을 해지하시든가, 법의 보호를 받으세요"라고 말해 주었다. 이런 경우를 예전엔 '때리는 남편보다 말리는 시어머니가 더 밉다'고 했지만, 지금은 세태가 많이 변하여 '때리는 시어머니보다 말리는 남편이 더 밉다'고 해야 틀리지 않는다.

❖ 4월 21일

목요일인데 식당 문이 닫혀 있다.

새로운 업주는 피고와 같은 '에고티즘 종교'의 교인이다. 지난주 목요일도 휴무이고, 오늘도 휴무일인 걸 보면 '에고티즘' 신도들은 목요일을 휴무로 한다.

근거를 갖고 말하는 것은 아니지만 '교우들의 단결심은 대단하다'는 경외심이, 아니 두렵다.

적절한 비유가 되지는 않겠지만 원고가 피고의 '잘못된 이유'를 아무리 설명해도 '마귀가 시험을 한다'고 판단하는지 피고를 감싸고 있다.

그들의 행위에 나는 '두드려라 열릴 것이요. 구하라 구할 것이다'로 대항하겠고, 코란에 있는 알라신의 고귀한 말씀대로 '칼에는 칼'을 사용하려 한다.

불경에서 부처님의 가르침인 '자비심'은 누구에게나 자비를 베풀라는 것은 아닐 것이다. 도로변에 방뇨한 자도 혼낼 가치가 있는 자에게 꾸중을 하듯이…….

❖ 4월 22일

순천에 살고 계신 고향 형님의 아들 결혼식에서 친척을 많이 만났다. 고향 분들은 거의 다 왔는데 피고는 참석하지 않았고…….

오명수 씨를 결혼식장에서 만나 피고에게 청구한 내용을 설명하며 증인으로 신청하겠으니 "증언해 달라" 했더니, 같은 피해를 당한 터라 쾌히 승낙을 한다.

❖ 4월 23일

업무방해로 요원이 조사했는데 내가 난동을 부리거나 소란을 피우지 않으니 처벌할 수는 없지만, 나도 울가망하여 고분고분하지 않으니까 '어떻게 처벌할 수 없을까' 고민을 한다.

'괘씸죄'에 걸린 것이다.

처음 도착한 요원은 동료를 불러 순찰차량이 2대가 더 도착하여 모두 3대가 되었고, 요원도 6명이나 되어 머리를 마주대고 상의를 해보더니 돌아갔다.

이상하다. 인간의 머릿속에는 약 3억 개의 정보가 들어 있다고 어디선가 들은 것 같은데, '3억 곱하기 6은 18억'이니까 나의 행동이 방대한 18억의 내용 중에 없다니 컴퓨터 고장 난 것 아닌가.

법(法)은 풀어 쓰면 '물 수(水) 갈 거(去) : 흐르는 물'이라 했으니 시대에 따라 변하는 것이고, '법은 코에 걸면 코걸이 귀에 걸면 귀걸이'라 했는데 처벌할 법 조항이 없다니 불가사의함.

요원이 6명 되었을 때 주변 사무실 노오놈은 그들에게 들으라는 듯이 나에게 섭섭한 소리를 했다. 약이 올라서 오후에는 내 옷 총 3벌 있는 중에 제일 값비싼 정장 차림으로 그 사무실을 방문하여 무게를 잡고, 가장 점잖은 태도로 "모레부터는 이 앞에 위반차량이 있으면 모두 사진을 찍어 제출하겠으니 선의의 피해가 없도록 하시길 바랍니다"라고 말했다.
(어린애 같다고 웃지 말라, 나는 심각한 일이다.)

피고의 주민등록에 대한 민원의 답변으로 직무원은 "실제로 살고 있다"라고 했다. "거짓입니다. 누가 허인영에게 긴급 연락을 해주어 달려 온(피고는 식당에서 도보로 8분 거리에 거주) 것입니다" 했더니, 직무원은 "최선을 다했습니다"라고 했다. 나는 "제가 할 수 있는 다른 방법이 없을까요" 문의하니까, 방법이 없는지 아니면 공연히 사람을 고생시킨다는 생각이 드는지, 직무원은 뾰로통한 얼굴로 대답도 안 하고 간다. 기분 나쁘다.

정선동사무소의 직무원에게 전화로 "떠나신 후 허인영의 처는 없어졌는데 어떻게 방법이 없을까요" 재차 문의하니,

"잘 모르겠다. 방법이 있는지 확인해 보고 연락드리겠다"고 형식적인 대답을 한다.

곱빼기로 기분 나쁘다.

❖ 4월 24일

식당 앞 도로에 전기선 매설로 주차할 수 없는 상황이 되어 촬영은 포기하고 식사를 마친 사람들에게 영수증을 받았냐고 묻고 식당 주인에게 "허상식당은 영수증 발행을 안 하나요?"라고 질문했다.

주인에게 5월부터는 출입 인원수를 확인하겠다고 예고해 주었고, 체육 용품점에서 거금으로 구입한 체크기(Check)를 보여주었다.

피고의 주민등록 관계로 직무원의 연락이 없어 구청 민원실에 탄원서를 내고 접수증을 받았다.

❖ 4월 25일

식당이 입주해 있는 빌딩의 출입자 중에 위반차량은 모두 촬영을 하여 고발한다.

허풍은 아니고 겁먹는 것도 아니나, 펑~튀기 표현으로 '월

드자동차 판매점' 때문에 '다윗과 골리앗'의 싸움으로 변질 될 수도 있다는 염려가 조금 있다. 하지만 '꼭 이겨낸다는 일념으로' 평소보다 많은 시끄러움이 있어도 평상심이 흐트러지지 않는 '단아한 모습'을 보여 주라고 내 자신에게 철저하고 엄한 교육을 시켰다.

인내심을 갖고 차분한 모습을 보이려고 한다.

오전 7시 50분에 허상식당 앞에 도착했다.

빌딩을 출입하는 모든 위법차량들에게 영향이 있도록 하고 피고가 주소지에 거주하지 않는다는 증거를 채집하여 구청에 제출하려고 일찍 왔다.

식당주인이 출근하면서 내가 일찍 온 것을 보고 의아스러운 얼굴을 하기에 "이 건물의 출입차량 중에 위반차량이 있으면 모두 촬영한다"고 성질 급한 내가 먼저 용감하게 답해 주었다.

자신의 차량이 촬영된 것을 알게 된 사람들에게 항의를 받았으나 '세속을 벗어난 도인 행세'를 했다.

어떤 사람은 교양도 없고, 고급스럽지도 않은 말을 사용하며, 위협을 주기에 치안담당서에 보호를 요청하니, 곧바로 우리 편이(국기원 출신 같은 요원) 도착하여 든든했다.

오후에는 주차 위반한 많은 사진을 신고하기 위하여 요원에게 "귀찮게 해 드려 죄송합니다. 내일부터는 5건 미만이 되도록 하겠습니다" 하며 공손히 양해의 인사를 했다.

업무량이 많아진 요원과 촬영된 차주에게는 미안한 마음이다.

"'고래 싸움에 새우등 터진다'는 속담은 있지만 고래도 아니면서 힘들고 언짢게 해 드려 죄송하다고 사과 말씀 올립니다. 만일, 작업을 하면 구토할 것 같이 악취가 심하고, 찐득거리고, 흙먼지 많이 나는, 혐오감이 느껴지고, 지저분한 일을 해야 하는 경우가 생기면 제게 전화 주세요. 노동으로 배상해 드리겠습니다."

> "세상을 살다 보면 황당하고 어처구니없고 별 일이 많은 것이니라. 재미있는 것도 있고!"
>
> — 공자 왈

> "뉴스를 보니까 앞에 가던 차에서 날아온 '쇳조각'에 맞아 죽은 재수 없는 사람도 있어요."
>
> — 어느 날 7살 된 큰손자 찬규가 들려준 말

"자판기 앞에서 동전 한 개가 굴러 하수구에 빠져 들어가 커피도 못 먹고, 약 오르고, 김새는 기분을 느껴본 아주 중요한 경력도 있지요."

"속상하다고 하지 마세요, 삶을 살아 나가다 보면 '횡재(横災=横財)'할 때도 있으니까요."

"나는 어느 날 운 좋게도, 돈을 500원 주운 행운의 즐거움도 있었지."

공자는 역시 공자님이다.

2,500년이 훨씬 넘는 오래 전에, 내게 있을 일을 어떻게 예견하시고 '별일이 많다'고 하셨는지 신비스럽다.

앞으로 그의 특별한 결점(혹세무민, 금품사취, 추종자 간음)이 나타나지 않으면 공경할 예정이다.

교통계도요원이 멀리서 보이면 참새가슴이 움찔해지고 요원출장소 앞을 지날 때는 발걸음도 조심했던 내가, 말년에 '사기, 협박, 공갈, 업무방해, 명예훼손' 등의 이름만 들어도 질겁나고 어마어마한 죄목의 형사사건을, 요원도 아닌 포도청 간부님과 맞서는 입장이 되었고, 또 '손해 배상, 부당 이득금' 등 민사적 판정에 판정관님에게 잘 보이려고 공들이는 일도 해야 하는 걸 미리 알고 계셨던 분이니까.

1건의 처리도 간단한 일이 아니라고 하는데 여러 건을 한꺼번에, 달인들의 도움 없이 해결하려고 덤비니, 똑똑해진 '바보 온달 장군님' 아니면 무모한 '영구'의 짓거리이다.

"영구 씨, 정말 미안해. 술 살게. 데킬라*!"

❖ 4월 26일

어제의 사진촬영 소문으로 오늘은 위반차량이 많지 않았다.

빌딩의 3층 갑을회사 직원이 "갑을회사에 방문하는 손님들

---

* 데킬라 : 멕시코 '소주'라고 합시다.

의 차량은 촬영하지 말아 달라"고 하기에 별다른 수 없어 그러겠다고 했다.

한가한 시간이었는지 맹숙자가 식당 밖으로 나와 식사를 하라고 친절을 베푸는 척 하며, "돈을 얼마를 받으면 화가 풀리시겠어요" 하기에, "판정원에 청구한 금액입니다" 했더니, "허 집사님은 그렇게는 안 주지요" 하여 대꾸 안 했다.

치안담당서에서 '업무방해 혐의 피의자' 신분으로 출두하라는 출석 요구서를 받았다.

❖ 4월 30일

구청에 피고의 주민등록지의 확인을 의뢰한 내용이 어떻게 진행되고 있는지 연락해 본 결과, 기대 이하의 답변을 하기에 증거 수집을 하려고 식당의 폐점 시간까지 기다려서 '출입문'을 밖에서 잠그는 것을 촬영해 놓았다.

❖ 5월 1일

새벽 3시 30분경 식당에 가서 어젯밤 9시경 닫힌 출입문의 상태가 그대로 있는 걸 촬영했다(단순히 피고를 힘들게 하기 위한 노동: 순악질(純樂質)).

판정원에 청구 내용을 보완하여 제출했다.

매 맞을 짓!

판정원 민원실에서의 느낌과 겪은 일을 분석해 보면 젊은이들은 학력도 높지만, 인터넷의 발달과 경비 절약의 이점으로 어렵게 작성해야 하는 등기이전 서류나 소장 등을 법률가의 조력을 받지 않고 본인들이 직접 작성하고 제출합니다.

서류를 제출하기 위한 대열 중에 어떤 이는 "돈이 없어 법률가에게 의뢰하지 못하는 우리는 사람도 아니냐. 돈 많은 사람들이 법률가에게 위탁한 서류는 왜 순서 없이 받아 주느냐"고 보조원에게 엉뚱한(?) 항의를 하는 것을 보았고, 순번을 다투는 꼴도 목격했습니다.

한 번은 순서를 기다리고 있는데 제 뒤에 있던 젊은 아주머니는 자기가 쓴 소장을 제게 보여주며, "직접 작성했는데 틀리지 않았느냐"고 묻기에, 소장을 봤더니 모 신용카드를 상대로 소송가액이 35만 원의 소액을 청구하는 것이었습니다. 예금 총액이 70만 원의 은행구좌에서 신용카드사가 전액 인출해 갔는데 부부재산은 공동의 것이기 때문에 남편 몫으로는 35만 원 뿐인데 자기 몫을 가져갔다며 소송을 제기합니다.

문맹자가 많았던 옛날엔 행정서사(대서소)의 호황 시절이 있었지만 국민의 학력이 높아진 까닭에 자연적으로 소멸했듯이 법률가들이 "사무실 유지비도 안 되는 경우도 있고 폐업을 하는 사람도 있다"는 하소연이 엄살은 아니라는 걸 알 것도 같았습니다.

제가 군대 갔을 때는 '한글 교육대'란 부대에서 심훈의 〈상록수〉에서도 배우지 못했던, 심성 착한 전우들에게 글자를 깨우쳐 주었습니다.

요즈음은 초등학교에서도 안 가르친데요.

— 필자는 분수도 모르고 까불어(쓸데없는 말을 하여),
'관계자'에게 얻는 것 없이 미움을 받을 때가 더러 있지요.
인정합니다.
그래도 민원실은 시장바닥 같이 혼잡했는걸요.

❖ 5월 2일

'월드자동차 판매점' 직원과 사진촬영 때문에 불편함이 있었다. 노오놈은 "왜 월드에 불똥이 튀게 합니까" 하기에, "동냥은 주지 못할망정 쪽박은 깨지 말라"는 속담도 모르느냐고 하면서 소말리아 청년의 성인식 때 평생토록 얼굴에 혐오감(용맹성)이 들도록 하기 위해 칼로 상처를 북북 내어 피가 줄줄 흐르는 괴기스러운 모습보다 더 공포감을 느끼게 응시 후에 무시했다(납량특집 완결 편).

노오놈에게 무언으로 대응한 나의 눈싸움에 찬규의 담임선생님은 자애롭고 후덕하시고 용기를 북돋아 주시느라고 잘했다고 하시겠지만, 학점엔 짠돌이로 소문난 모 교수님은 틀림없이 '야 이놈아' 하시는 눈빛으로 '잘 놀아 봐라' 하고 장난감(권총 한 자루)을 주실 것이라고 계산한다. 우리 형님은 내가 품위가 부족한 듯한 행동을 할 때는 꼭 나를 무시하는 못된 버르장머리(최대 예우 차원의 언어)가 있다.

민사재판의 승패가 살아가는 길 중에서 꼭 좌우로 가도록 하는 강제 사항도 아니고 이기면 좋고, 지면 좀 약 오르지.

수술한 축구 선수는 중압감 없이 쾌적한 장소에서 관전 할 수 있으니 좋지 않겠는가. 현장에 직접 참여하여 남에게 보여 주면서 느끼는 쾌감도 흥분이 되겠지만…….

최선은 다하되 조급해 하지 말고 여유를 가져라.

마찬가지로 책의 글귀 한두 개가 신분을 상하로 구분해 주지는 않는다(A True Story).

맘 편하게 그냥 그러려니 하고 즐겁게 놀아라.

늙어지니까, '술 마시고 노래하며 춤을 추고 노는 것'도 무척 힘이 들고, 노름판에 출석하고, 좋다는 관광지에 구경 가는 것도 피곤한 일이다.

"노병은 늙지(죽지) 않고 — 中間 省略 — 뿐이다."

그거 '맥아더 씨'가 허튼소리 한 거다.

젊음이 있을 때 놀고먹고 하라. 기회는 두 번 오지 않는다.

"노세 젊어서 노세 ♪♫♪ 늙어지면 힘들어 못 놀아요."

(단, 위 열거 내용은 당신 삶의 목표가 놀고먹고 하려는 경우)

피고의 거주 확인을 위해서 담당 직무원과 높은 사람이 허상식당에 들어가는 것을 보고 뒤따라가서 사업주 맹숙자를 가리키며, "사장님은 이곳에 허인영이 살지 않는다 말했고, 종업원도 그렇다 했다"고 강조했다.

❖ 5월 3일

도서관에서 공부(판정원에 제출할 서류를 위한 법률 준비)를 하려고 '찬규 아비'에게 식당의 식사 인원을 확인해 달라고 부탁하여 약속을 받았는데 중요한 일이 생긴 것이다.

도서관에서 급히 나와 확인하니 오늘따라 식사 인원이 34명이나 되었다.

소득 한 푼 없는 일이기는 하지만 모든 역량을 동원하여 식당 운영 방해 요소를 찾을 요량이지만, 한계가 느껴진다.

❖ 5월 7일

정선동사무소에서 피고가 타 지역으로 전출하였다는 공문을 받고 우연히 새로운 주소지의 동거인 형태로 전입하였다는 사실을 알게 되었다(피고와 함께 있는 걸 보고 주변 사람에게 누구냐고 문의했더니 '608호에 사는 아저씨'라고 함 : '원수는 외나무다리에서 만난다'는 속담의 창시자를 만나 인품의 향내를 맡고, 사인을 받아 액자를 만들고, 후손에게 물려주어 천 년 후, 아름다운 나라에 가서, '크리조크싸티롱*' 경매장에 의뢰하여 큰 부자 되어, 좋은 일 많이 하고, 잘 먹고 잘살라고 할 거며, 나의 은덕도 잊지 말라는 말을 후손에게 꼭 전하라 말할 것임).

피고의 주소지를 방문하였으나 만나지 못하고 밤늦게 재차 방문하여 입주자를 만나니 "누가 찾아오면 며칠에 한 번씩 잠자고 간다고 말해 달라는 부탁 받고 동거인으로 주민등록을 옮겼다. 그래서 오늘은 없다"고 하는 지능이 부족한 사람의 답변이기에, "전화를 걸어서 진실한 이가 찾아왔는데 어떻게

---

* 크리조크싸티롱 : 미국에 있는 '크리스티 경매장'
시대 흐름에 맞게 변경한 상호.
값어치가 앞으로 클 것이니 좋고, 싸고, 부자 티를 내려고 샀다.

하느냐"고 하라 하니, 그의 집엔 전화가 없어 1층의 '과일 가게' 전화를 빌려 내가 옆에 있는 상태에서 전화를 했으나 내용을 알 수는 없었다.

통화가 끝나고 앞에서 말한 "며칠에 한 번씩 잠자고……" 했다 한다. 손바닥으로 하늘을 가린다는 생각에 웃음이 피식 나오며, 정지용 님의 '얼굴 하나야 손바닥 둘로 가릴 수 있지만, 보고 싶은 마음 하늘만 하니 눈 감을 수밖에 어쩌고……'가 생각났다.

— 나의 정신을 감정하려 하지 말라. 좀 그러면 어떤가.

❖ 5월 8일

경산동사무소에 피고의 위장전입을 신고했더니 사실 확인 후 처리하겠지만 "이런 경우 입증하기가 보통 어려운 것이 아니다"라고 대장님은 말씀하시고(신고서에 일부러 피고의 휴대폰 전화번호를 기록하였다. 피고는 전화를 받고 '땡그랑'거리며 열심히 뛰어 오리라 : 실 거주지와 도보로 3분 거리의 허인영 주거지를, "내가 모르는 줄 알고").

❖ 5월 11일

건망증이 조금은 있는 처가 증언을 할 경우를 생각하여 '중앙큰대학병원'에 가서 '진료기록사본'을 발급 받아, 우리 동네에서는 제일 훌륭하신 명의술 의학 박사님이 누구나 잘 알아

보도록 중요한 것을 한글로 번역해 주었다.

❖ 5월 13일

허상식당의 매출 확인과 위법차량의 고발을 끝내고, 감정적으로 행동했던 효과가 목표에 충분하지는 않지만 만족하며 시위를 종료하고, 이성적인 자세로 변경한다.

❖ 5월 20일

피고에게 아직 답변서를 받지 못하였지만 준비서면을 다음과 같이 작성했다.

다 음

1. 피고는 2004년 4월 7일에 작성하여 보낸 내용증명의 답변서를 원고에게 아래 내용을 보냈습니다만,

답 변 서

발 신 : 허인영
보문광역시 금정구 적선동 275-21

수 신 : 진실한
보문광역시 성동구 양덕동 716-59

2004년 3월 15일자 내용증명에 대하여 다음과 같이 답변한다.

– 다 음 –

너는 왜 장사를 방해하고, 억지를 쓰며 모함하고 떼를 쓰는지는 모르지만, 남았던 돈이 없었을 뿐 아니라 떼어 먹은 돈이 없고, 돈은 먹지도 않으며 밥과 과일은 먹는다.

공탁금도 내 돈으로 내고 땅을 샀는데, 너는 나쁜 놈이다.

등기권리증을 보면 금 3,000만 원에 사준 것이 분명하며, 1993년 6월 9일 밤 9시에 있었던 일 및 1998년 5월 4일에 있었다는 일은 꾸며낸 말이더라. 정직했던 네가 세월의 때에 찌들었다고 생각하니 가슴 아프다.

자네의 시위로 가게를 다른 사람에게 급히 넘기고, 전단지도 거짓말이지만 창피해서 고개를 들지 못한다.

너의 행패와 협박에 공포에 떨며 잠도 못 이루는 괴로운 생활이다.

고향 친구이며 학교 동창인 자네가 이렇게 막가파식으로 나오는데, 그동안의 세월을 생각하면 심한 울분을 느끼고 고통스러워 고소를 한다.

이런 식으로 막가파 행동을 계속한다면 피해에 대한 보상을 청구할 것이다.

이제 철부지 행동을 그만두고 이런 일이 재발하지 않도록 반성하여 나에게 찾아와서 용서를 빌고, 나를 헐뜯는 일이 없도록 해서 옛날같이 고향에서 명절 때, 일이 있어 모일 때 웃음 띤 얼굴로 다시 좋게 만나기 바란다.

시위와 모함하는 일을 중단해서 불행한 사태가 발생하지 않도록 하라.

2004년 4월 7일
위 발신인 : 허 인영

라고 거짓을 주장합니다.

2. 원고는 2004년 1월 14일 이전엔 한라도에 갔던 일이 없고 소외 고의성은 2004년 1월 16일 처음 만났습니다.

원고는 2004년 5월 9일 고의성에게 전화를 하니 대뜸 하는 소리가 "나는 허인영이 누군지도 모르고 땅도 한 평당 3,600원에 동네 사람한테 팔았습니다"라고 묻지도 않은 황당한 소리와 허인영을 말하기에 어이가 없고, 피고에게 이미 연락 받았다는 의심이 들었습니다.

원고는 2004년 5월 11일에 고의성에게 전화를 다시 하여 "당신 위증을 하면 형사 처분 받는다는 걸 알고 있나요? 왜 지난 1월에 밭에서 했던 말과는 다른 소리를 하나요" 하며 원고가 반문하니, "나는 땅을 580만 원을 받았고 죄가 없습니다. 사기 치지 마시오" 했지만 고의성은 이틀 전에 자기가 한 말에 대한 거짓을 스스로 증명합니다(3,600원×2,000평=720만 원).

3. 피고는 원고가 등기권리증을 갖고 있어 동사건의 토지가격은 금 3,000만 원이 분명하다고 주장하는데 등기권리증으로는 확인할 수 없습니다.

피고는 1993년경에는 '부동산 중개업'을 하였으므로 피고가 주장하는 3,000만 원이 기재된 부동산매매계약서 제출을 요구합니다.

4. 피고가 금 3,000만 원에 본 건 동번지의 땅을 구입하였다는 사실의 증명을 위하여 위조된 부동산매매계약서를 제출한다면 이는 2004년 4월 3일 이후에 조작된 서류가 분명하므로 소외 고의성 및 기타 관련자의 전부를 증인으로 신청합니다.

5. 또한 피고는 원고의 청구가 시효만료로 소멸하였다고 주장하려고 하지만 향우회 모임이나 명절 때 그리고 '보문역 소화물창고' 등지에서 피고를 만날 때마다, 원고는 돈을 돌려 달라고 하여 토지 매입 사건 직후부터 많은 사람들이 잘 알고 있고 피고로부터 피해를 당한 소외인들의 사건도 같은 시기에 있었던 것입니다.

6. 원고의 청구를 인용하는 판결이 선고되어야 합니다.

❖ 5월 28일

피고로부터 반소장이 도착하였으나 피고의 휴대전화에 음성으로 남긴 "국내에 살고 있으면 끝까지 따라가 돈을 받아낸다" 했던 까닭인지, 주민등록지에는 거주하지도 않으니 '우편물송달장소'를 피고가 의뢰하여 본 사건의 도움을 받는 법무도우미 사무실로 변경했다.

판정원에, 반소장*에서 피고가 주장하는 내용의 반소장

* 반소장 : 본 소송에 대항하기 위하여 피고가 제기하는 소송.

답변서와 본 건의 반박 준비서면을 제출했다.

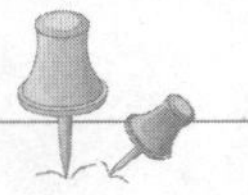

반 소 장

사 건 : 2004가합 72936 손해배상(기)

반소원고(피고): 허인영(4811××-140××××)
보문광역시 금정구 정선동 275-21
송달 장소 : 보문 달서구 우안동 4796
한선빌딩 30805호
연락처 : 0166-9000-3240

반소피고(원고): 진실한(4807××-145××××)
보문광역시 성동구 양덕동 257-18

귀원 2004가합 72936호 사건에 관하여 반소원고는 반소장을 제출합니다.

반 소 청 구 취 지

1. 반소피고(원고-이하 원고라 함)는 반소원고(피고-이하 피고라 함)에게 7,000만 원 및 이 사건 부본 송달을 받은 다음 날부터 완제일까지 연 20%의 비율에 의한 이자를 지급하라.

2. 소송비용은 본소, 반소 모두 반소피고가 지불한다.

3. 위 제1항은 가집행할 수 있다.
라는 판결을 구합니다.

반 소 청 구 원 인

1. 피고는 1993년 4월 30일 원고의 요구로 3,000만 원을 위탁받고, 한라도 북한라군 대정읍 상모리 2,882번지를 매입해 주었습니다.

2. 부동산매매

가. 당시, 땅 주인은 소외 공구호로 매매 계약은 전매를 했습니다.

나. 등기이전을 하려고 하니, 매도자의 잘못으로 소유권이전등기를 할 수 없어, 매도자가 도우미 비용을 들여 원고가 승소하여 소유권이전등기를 하려고 했으나 홍길동(訌銡偅) 전 대통령의 특별 지시로, 등기가 이전 안 되어 1993년도에 부동산처분금지가처분 신청을 하여 피고가 공탁금을 부담하고 판결을 받았습니다.

다. 원고의 동의로 원고의 처 소외 여선미의 명의로 소유권을 이전했습니다.

3. 원고 주장의 허위

가. 피고는 2004년 5월 1일자 청구취지 및 청구원인 변경신청서에 대한 답변을 합니다.

나. 원고는 피고가 권유하여 토지를 매입했다고 주장하지만, 피고는 원고에게 돈을 주며 땅을 사라고 했겠습니까.

피고는 원고가 좋은 땅을 사달라고 하였습니다만, 피고는 "땅은 본인이 직접 사야 된다"고 했습니다.

원고가 억지로 3,000만 원을 맡김에 따라 현금보관증을 써주고 친구를 배려해서 원고의 부탁을 들어 주어 땅을 사주게 되었습니다.

다. 원고는 피고가 땅을 100만 원에 사고 3,000만 원에 샀다고 속여 자신의 돈을 떼먹었다고 식당 안에서 고성을 지르고 난동을 부리고 손님에게 나가라고 위협하고 욕을 퍼 붓고, 민사소송을 걸었으나, 등기권리증의 매매계약서를 보면 세금을 줄이기 위해서 실거래가보다 적은 금액으로 신고하여 매매 금액이 1,200만 원으로 되어 있고, 당시 공시지가 또한 금 9,576,000원으로 되어 있는데, 땅값이 공시지가를 기준으로 나머지 금액을 피고가 착취하였다고 하며 땅값이 떨어진 것도 피고가 책임을 져야 한다고 합니다.

라. 원고의 허위 증언, 제출한 증거자료를 세밀히 검토할 때 피고가 정당한 부동산중계 업무를 수행했으므로 원고의 청구는 기각되어야 합니다.

4. 피고의 손해 발생

가. 원고는 피고가 돈을 속였다고 떼를 쓰며, 피고가 장사하던 허상식당에 들어와 장사할 수 없게 만들었고,

전단지를 만들어 행인과 식당 손님에게 뿌리고, 식당 앞에서의 시위로 명예를 훼손하였으며, 각종 협박과 모함을 하며 괴롭히고 있습니다. 전화에 음성메모를 남겨 신경쇠약에 걸렸습니다.

나. 피고는 원고를 치안담당서에 고소하였습니다.

원고는 계속하여 피고에게 신변 위협을 하며 괴롭히고 있어 피고는 가게를 급매했습니다만, 급매로 인하여 큰 손해를 보았습니다.

5. 피고의 손해액을 계산해 보니

가. 손해액은

원고의 위법 행위로 가게를 급히 팔 수밖에 없게 된 당시 피고는, 가게를 소외 대박부동산에 2004년 1월 15일에 보증금 1,000만 원에 월 40만 원, 시설비 금 3,000만 원, 물건 값 금 2,000만 원, 권리금 1,000만 원에 매매 의뢰한 상태였는데 원고의 협박으로 금 2,000만 원에 급하게 팔았기 때문에 금 5,000만 원의 손해를 보았습니다.

나. 위자료

피고는 원고의 각종 협박과 명예 훼손 행위로 잠도 제대로 못 자고 심한 정신적 충격과 고통을 겪고 있으니, 원고는 피고에게 2,000만 원의 위자료를 청구합니다.

6. 억지를 써서 돈을 뜯어 낼 목적으로 피고를 해롭게 하고

괴롭히고 있는 원고의 청구는 허위임으로 기각해 주시고, 원고에게 피고가 당한 손해액을 배상 받게 판결해 주십시오.

입 증 방 법

을제 1호증 고소장
을제 2호증 식당 양도·양수 계약서 및 영수증
을제 3호증 업무방해 사진(식당 내 행위)
을제 4호증 피고소인의 도로에서 시위 사진
을제 5호증 대박부동산 장부 사본
을제 6호증 현금보관증
을제 7호증 판결문
을제 8호증 가처분 결정
을제 9호증 공탁서
을제 10호증 소유권 이전 등기 신청서
을제 11호증 등기권리증
을제 12호증 부동산등기부등본

첨 부 서 류

1. 위 입증 방법 각 1부
1. 납부서
1. 위임장

2004년 5월 18일

위 반소원고(피고) : 허인영

보문지방판정원 귀중

준비서면

원고는 피고로부터 반소장을 받고 변론을 준비합니다.

— 다 음 —

1. 피고의 주장 「원고 때문에 장사를 못했다」의 반소 주장은 허상식당의 사업자는 전다원이므로 소외 사건입니다.

원고는 토지의 가격 상승과 하락에 대한 주장은 언급하지도 않았는데 피고는 허위 사실로 본 사건에 혼돈을 유도하고 있습니다.

2. A. 반소장의 내용 2번에서 피고가 주장하는 토지의 실소유주는 소외 공구호라는 주장은 피고와 소외 고의성은 만나서 야합하였거나 전화통화로 상의한 것으로 간주됩니다.
   B. 피고는 원고의 요청에 의하여 소외 여선미 명의로 소유권을 이전했다고 하나 그러한 요청을 한 사실이 없습니다.
   C. 피고가 주장하는 실제 매매계약서는 존재하지 않습니다.

3. 반소장 가항의 피고 주장은, 원고는 한라도에 아무런 연고도 없는데, 원고가 전문적인 투기꾼도 아니고, 피고의 설명을 듣고 피고의 권유에 의하여 피고에게 요청한 것입니다.

4. 사업주 소외 전다원은 원고 때문에 가게를 매도한 것이 아니고 적자를 보는 상태라 식당을 운영하지 않으려고 2004년 1월 15일에 '대박부동산'에 매도 의뢰했습니다.

첨 부 서 류

1. 입금증
2. 여선미의 의무기록사본 증명서

❖ 5월 30일

한라지방판정원에 공탁금의 담보취소 판결의 확정을 확인하고, 보문지방판정원에 본 사건의 증인 심문 신청의 가능 여부를 문의하였으나, 보조원은 기록을 보더니 소송을 제기한 기간이 얼마 되지 않는다며 아직 멀었다고 한다.

❖ 6월 5일

한라지방판정원에서 공탁금 40만 원(이자 별도)을 환불받고, 지난 1월에 약속했던 최정우와 그의 처를 한라공항에서 만나 동사건의 땅을 경작하라고 임대계약서를 작성해 주었다.

임대계약서를 작성한 후에 점심식사를 같이 하며 땅의 임대와는 무관하다는 것을 강조하며, 최정우에게 증언할 내용을 보여주며 "고의성과는 친척이라 했으니 입장이 난처하면 안 하셔도 좋습니다만, 제 입장에서는 해주시면 고맙겠습니다"라고 했다. 내용을 읽은 최정우는 "그날(2004년 1월 16일) 있었던 그대로군요. 사실을 증언 못할 이유가 없네요"라고 시원스레 대답하여 고맙게 느꼈다.

❖ 6월 9일

피고의 답변서가 도착하여 준비서면을 제출했다.

답 변 서

1. 소외 고의성과의 공모 주장에 대한 답변

가. 피고는 토지의 전 소유자인 소외 고의성은 토지의 명의상 원매자라는 이름만 들었을 뿐입니다.
소외 공구호를 통하여 춘천에 산다는 말은 들었습니다.

나. 한라시에 있는 부동산에서 3,000만 원에 나온 땅이 있으니 가보자 하여, 피고 이외에 여러 명이 갔는데, 서로 경쟁이 벌어졌습니다만 피고가 먼저 사겠다고 했습니다.
1993년 5월 중순경 당시 소외 공구호는 3,000만 원의 계약서를 쓰지 않으려 하였지만, 저에게 빨리 쓰라고 하여 계약을 하게 됐으며, 도장은 원고의 허락으로 미리 만들었습니다.

다. 피고가 소외 고의성을 처음 만난 것은 2000년 한라도로 소외 여선미의 주소를 옮겨 놓기 위해 어렵게 전화번호를 알아내어 찾아간 것이 처음이며, 등기 이후로는 만나거나 통화한 일이 없습니다.

2. 원고는 2000년 10월 12일자 입금증 사본을 근거로 공탁금을 자신이 직접 지불했다고 주장하나, 제시한 입금증 사본은 부동산의 소유권 이전을 위한 등기비용을 송금한 것이며, 등기비용이 80만 원이 다 들지는 않았지만 한라도인 관계로 이장, 농지위원장 등을 찾아가 농지원부를 만들어서 등기

이전하여 보내 줄 것을 부탁하며 등기비용은 금 206,000원이나 나머지는 여비, 기타 비용으로 사용하라고 하였습니다.

부동산처분금지가처분 신청은 1993년 4월 15일에 40만 원을 공탁하고 1993년 4월 16일 결정이 됐는데, 이때의 비용을 2000년 10월 12일에 송금하였다는 것은 말도 안 되는 거짓이며, 당시 공탁금만 40만 원이었는데, 공탁금만 주면 법무도우미는 무료로 일을 해주나요?

돈 안 받고 심부름해 주었던 등기 건을 원만히 해주지 못해 내 돈을 들여 해준 것이기 때문에 말을 했지, 꼭 80만 원이 들었다는 것이 아니고 80만 원 정도가 들었다는 것입니다.

공탁비용을 원고가 부담하였다는 허위는 밝혀졌습니다.

3. 원고의 업무방해에 대하여는 치안담당서에서 수사가 진행 중인 결과가 나오면 서류를 제출하겠습니다.

4. 부동산의 공시지가에 대하여

원고는 당시 과세시가 표준액이 거짓이라고 주장하나, 담당 직무원의 말과 같이 10년이 넘어 오래된 공시지가를 지금에 와서 알 수 없다 하더라도, 법무도우미가 작성한 부동산 과세시가 표준액은 당시의 공시지가로 기록하지 임의로 작성하는 것은 아닙니다.

5. 원고는 피고에 대한 모함으로 별 문구를 다 동원하고 입에 담지 못할 말을 하여 피고가 원고를 피해 주민등록을 이전한 것을 가지고 피고의 주민등록을 말소하라고 탄원서를 내어 피고를 괴롭히고 있습니다.

피고는 보문광역시 금정구 정선동 275-21번지로 전입하였다가 정선동사무소는 물론 금정구청까지 조사를 받은 일 있으며, 경산동사무소에서도 찾아와 확인을 하였습니다.

6. 원고는 고의적으로 피고를 괴롭히고, 본 건 소송도 피고를 괴롭히는 수단으로 사용하여 피고가 마치 사기꾼이라도 되는 양 찾아다니며 괴롭히고 있고, 협박으로 타인에게 급하게 넘긴 가게도, 입증자료를 제출하였는데 손해액을 입증하라는 주장을 거듭하고 있습니다.

피고를 해할 목적으로 제기된 원고의 청구는 기각됨이 마땅하며 피고의 피해를 배상해야 합니다.

입 증 서 류

을 제13호증 탄원서

❖ 6월 13일

준비서면

다 음

1. 피고는 당시 보문시에서 거주하며 부동산중개업을 하였는데, 피고가 주장하는 한라시에 있는 부동산사무소는 어떻게 알게 되었으며 누구의 소개였는지 실명의 인적사항을 제출하여 주기 바라고, 그 부동산이 지금도 영업을 계속하고 있다면(피고는 폐업했다고 말하겠지만) '사업자등록증 사본'을 제출하여 주시기 바랍니다.

2. 원고는 전권을 피고에게 위임하거나 도장을 만들라고 한 사실이 없으니 피고는 증거를 제출해 주기 바랍니다.

3. 피고는 고의성의 전화번호를 어렵게 알아냈다고 허위 주장하나, 전화국 114 안내에 물어보면 즉각 알 수 있습니다.

4. 피고가 원고에게 가처분을 위한 금액으로 대신 지불한 금액이 80만 원이라고 하여 김수민에게 송금하였던 돈을 지금은 등기비용으로 206,000원을 사용했다고 주장했는데, 원고의 등기이전을 위한 등록세 93,000원은 등기비용에 포함된 금액인가요.

나머지 금액(594,000원)을 전달했다고 하는데 그의 인적사항과 피고와의 관계는 어떻게 되는지요.

배보다 배꼽이 더 크다는 사실은 이를 두고 하는 말입니다.

5. 피고의 주장에 대한 원고의 답변은 피고가 주장하는 10년이 경과한 부동산공시지가를 말하는 것이 아니고, 2000년 10월 12일에 작성된 등기이전을 대행한 도우미가 작성한 부동산매매계약서의 공시지가란의 오류를 지적합니다.

2004년 6월 12일 발행된 본 사건 토지의 2000년도 개별공시지가 확인서를 제출합니다.

6. 피고는 원고가 따라다니며 괴롭히고 있어 주민등록지를 옮기고 있다는 허위 사실을 말하지만, 원고는 10여 년 전부터 피고의 거주지를 알고 있지 못하고, 있으며 원고는 물론 피고의 친인척도 피고의 집을 모릅니다.

7. 피고는 원고가 지금까지 제출한 소장, 청구취지 및 청구원인 변경신청서, 준비서면에서 피고에게 요구한 사항을 원활한 판정 진행을 위해서,

가. 피고는 동사건 토지를 소외 여선미가 매입하였다고 허위로 작성된 매매계약서에 의한 부동산등기이전에 관한 원고 동의서 제출(법무도우미는 기록을 10년 동안 갖고 있어야 합니다).

나. 피고의 핵심 증거자료는 한 가지도 없으며, 피고가 주장하는 인물의 인적 사항은 없습니다.

다. 피고가 중개인이었으니 피고가 주장하는 피고가 보관하고 있을 3,000만 원짜리 부동산매매계약서를 제출하기

바랍니다.

8. 원고는 피고의 말장난에 진저리가 납니다.

판정부는 피고(반소원고)의 청구를 기각해 주시기 바라고 원고의 청구로 판결해 주십시오.

첨 부 서 류

1. 개별공시지가 확인서
북한라군 대정읍 상모리 2,882번지 1부

▶ 원고는 피고에게 비용을 감안하여 2,300만 원만 돌려 달라고 조정했다. 원고는 판정원에 제출한 모든 서류에 등장하는 인물의 인적사항, 전화번호, 주소를 기록하였습니다만 이 글에서는 생략함.

❖ 6월 14일

피고의 행적을 조사코자 '사실조회신청'을 하려고 했으나, 피고와 고의성이 말을 맞추어 다른 일 때문에 갔다 왔을 뿐이라고 거짓 증언하면 밝힐 수 없으므로 포기했다.

❖ 6월 26일

인터넷상에 피고는 답변서를 6월 14일에 제출했다고 하는데 아직 도착되지 않아 보조원에게 확인하니 발송하지 못했다고 한다.

조급해질 이유도 없고 조급해서 이익이 생기는 것도 아닌데 경험해 보지 않은 피고의 챔피언급 거짓에 휘말려 들어 마음이 조급하다.

판정원을 방문하여 직접 답변서를 받고 준비서면을 제출했다.

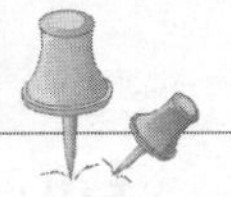

답 변 서

1. 공구호의 인적사항과 실소유주 증거제출 요구에 대한 답변은 소외 공구호의 도움으로 부동산을 매입했으나, 11년 정도가 지난 지금 관계있는 서류를 제출하라는 것은 무리한 요구입니다.

2. 피고는 원고의 동의로 원고의 처 명의로 소유권 이전을 해주고, 소유권 이전이 잘못 되었다면 이의제기를 했어야 하는데 지금까지 조용히 있었음을 볼 때 피고는 어이가 없습니다.

3. 피고가 실제 매매계약서를 보관하고 있다는 주장에 대한 답변.

피고는 매매계약 체결 후 금 3,000만 원을 매매 대금으로 하는 매매계약서를 분명 전달하였으며, 당시 피고가 중개업을 하였다고는 하지만 보관하고 있을 수는 없는 것입니다. 피고는 식당을 운영하고 있었습니다.

4. 원고는 자신의 능력 부족으로 궁핍하게 살고 직업도 없어서 돈이 필요하니까, 피고를 협박하고 억지 주장을 하면 피고가 괴롭힘에 못 이겨 돈을 주지 않을까 하는 목적으로 소송을 했으니, 피고의 반소청구취지가 인용됨이 마땅합니다.

『준비서면』 내용은

1. 피고는 원고가 공구호의 인적사항과 실소유주 확인을 위한 증거제출 요구에 11년이 지나서 제출할 수가 없다고 주장하는데, 공구호는 '가상 인물'입니다.

2. 피고의 2번 답변에

원고는 2000년 10월 하순경(날짜 기억 못함) 피고의 전화연락을 받고 허상식당에서 등기권리증을 받을 때 "상모리 땅이 왜 내 명의로 등기가 되지 않았느냐. 나중에 내가 땅을 이용할 때 복잡해질 것 아닌가"라고 추궁했더니 피고는 "자네나 제수씨로 되어 있으면 무슨 차이가 있는가" 하기에 원고는 "안 되지. 나의 동의 없이는 누구도 등기이전을 할 수 없게 했는데 어떻게 했는가" 하며 화를 내니 피고는 묵묵부답이었습니다.

현재 소외 여선미는 소외 고의성(토지의 원 소유자)을 상대로 '부당이득금 반환청구'의 민사판정을 진행하고 있고 소외 고의성은 원고를 사기죄 혐의로 한라지방치안담당서에 고소하였습니다.

3. 피고의 결론에 대한 원고의 답변은 피고는 원고가 의뢰한대로 당시 땅을 매입했으면 현재의 땅값은 지역에 따라 다르지만 변두리 땅은 평균 100배 정도 상승했다고 교회 목사님도 말씀하시고 '민박집 주인 구필수', '한라도의 부동산중개업자 서영민'이 인정했다고 2004년 5월 1일자로 청구한대로 피고는 원고에게 재산상의 큰 손해를 준 것입니다.

▶ 교회 목사님의 신원을 원고가 밝히지 않는 이유는(한라도 거주) 교인들의 정신적 지주인 목사님의 명예를 보호하기 위해서입니다.
판정부에서 밝히기를 요구하시면 밝혀 드리겠습니다.

❖ 7월 12일

아래 내용의 피고 답변서가 도착하여 준비서면을 제출했다.

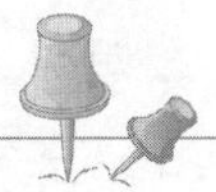

답 변 서

1. 원고의 주장은 허위입니다.
2. 피고는 적법한 거래를 하였고 정직한 답변을 했습니다.
3. 원고의 청구는 기각해 주시고 반소청구취지로 판결해 주시기 바랍니다.

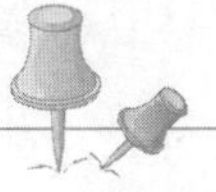

준비서면

피고의 답변서에 대한 원고의 준비서면 내용은 피고는 동년 4월 4일 원고와 제일다방에서 있었던 일도 모르는 일이라고 합니다.

원고의 주장은 증거에 의한 사실이고 이를 보전하기 위해 증인을 신청하겠습니다.

피고는 무위도식하는 자로 원고의 '업무방해' 혐의는 요원들의 조사 결과와 같이 성립할 수 없습니다.

[증인 확보의 어려움(다방 종업원 당사자 거절)으로 무산됨.]

▶ 당사자가 거절한다 하여도 꼭 필요한 증인이면 판정부에 증인 신청을 하여 허락을 얻으면 당사자는 증언을 거절할 수 없음.

❖ 7월 24일

판정원에서 '변론준비기일통지서'가 도착했다.

'황금은행'을 상대로 거액의 소송을 청구했던 분에게 '조정'의 경험이 있느냐고 전화했더니 대답이 걸작이다.

"어? 판정부가 자네(원고) 쪽으로 기울었구나" 하며 자세히 설명해 주었다.

사법기관에서 근무하다 정년퇴직한 이가 있는데, 본 건과 같은 사건은 피고가 처음부터 사취한 사건이라 사기사건의 시효 만료로 청구할 수 없다는 의견을 강력히 주장했기 때문에 놀라움을 나타낸 것이다.

원고는 피고의 형사법 위반 행위에 대한 처벌은 요구할 수 없지만, 민사법에 있는 원고의 권리에 대한 청구를 할 수 있다는 생각으로 '기회 있을 때마다 돈을 반환해 달라(시효 연장)'고 했다.

보문지방판정원

변론준비기일 통지서

사건 2004가합 72936 손해배상(기)
2004가합 21830 (반소)

원고 진실한

피고 허인영

위 사건의 변론준비기일이 다음과 같이 지정되었으니 출석하시기 바랍니다.

일 시 : 2004. 8. 16. 11:00
장 소 : 조정실 1726호

2004. 7. 22.

판정관 보조원 이몽룡

❖ 8월 16일

판정원 조정실에 출석했다.

판정관은 원고의 제출서류를 보며 "누가 작성했느냐"고 하기에 "원고가 했습니다" 답했더니, "원고의 서류는 중복되는 부분도 있다"고 지적하여, "미숙해 그랬으나 죄송하다"고 했다. 판정관은 "페이지가 많아도 좋으니 1건으로 만들어서 제출하여 9월 28일에 출석하라"고 명령하였고, 지금까지 제출한 서류를 불인정한다는 자필과 날인을 원고와 피고는 각각 하였다.

내가 착각의 울타리에 갇히지만 법률도우미가 작성한 피고의 서류도 원고와 똑같이 불인정한다는 판정관의 짧은 한마디로 서류를 재작성하여 제출하라는 명령에 기분이 상하지는 않았다(판정관은 근본적으로 공정함이 기본).

분쟁 내용의 조정을 한 것이 아니고 서류의 흠결사항에 대한 보정 명령을 받은 것이다.

무식하기 때문에 겁이 없는 나는 '진실은 통한다'는 생각 하나로, 저돌적으로 시작한 소송이지만 원고의 젖비린내 나게 작성한 서식의 엉성함이 판정부를 짜증나게 했다고 생각한다.

판정관*의 입장에서는 모든 서류를 간단, 명료하게 해주길 바란다.

요구대로 제출했던 '청구취지 및 청구원인 변경신청서, 준비서면, 답변서(반소)'의 내용을 압축하였고, 판정관 보조원이 '서류의 글씨가 작다'고 하여 큰 글씨로 작성했다.

---

* 판정관은 한 인물을 '지킬 박사님'이라고 불러야 될지, '하이든 씨'라고 호칭해야 하는지 결정하기 어려운 경우면 머리 아플 때가 있을 것도 같다.

〈판정관님 결정하기 어려울 때〉

'침을 뱉어 정하는 법'

'동전을 던져 보는 법'

남자의 경우 '오줌 멀리 보내기' 등 여러 가지 방법이 있습니다.

※ 다음은 판정관이 원고와 피고가 이제까지 제출한 서류를 모두 불인정한다 하여 제출한 것이다.

소송을 처음부터 시작하는 격이다.

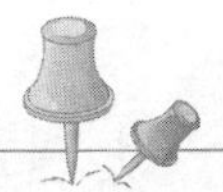

청구취지 및 청구원인 변경신청서

사건번호 : 04가합 72936 손해배상(기)

원고 진실한

피고 허인영

위 사건에 관하여 원고는 아래와 같이 청구취지 및 청구원인을 변경합니다.

손해배상(기) 청구의 소.

청 구 취 지

1. 피고는 원고에게 금 1억4천9백5십9만 원 및 이에 대한 이건 소장 부본 송달일 그 다음날부터 다 갚을 때까지 연 20%의 비율에 의한 금원을 지급하라.

2. 소송비용은 피고의 부담으로 한다.

3. 위 제1항은 가집행할 수 있다.
라는 판결을 구합니다.

청 구 원 인

1. 원고는 피고가 권유하여 1993년 4월 30일에 "3,000만 원어치의 땅을 사라"고 피고에게 동액을 주었습니다.

2. 피고는 동사건의 토지를 100만 원에 매입하였으나, 이제 와서는 원고에게 보낸 내용증명(입증방법 갑 제4호증)에 동번지의 땅을 3,000만 원에 매입했다고 주장하며, 피고는 원고와 전혀 금전 관계가 없는 1991년 7월 5일(입증방법 갑 제8호증의 2)에 동번지의 땅을 매입했다고 허위 주장하고, 2000년 10월 12일(입증방법 갑 제2호증)에는 같은 번지의 땅은 원고의 처 소외 여선미의 명의로 원고의 요청에 의하여 이전 등기했다고 허위 주장하고 있습니다.

원고는 피고에게 1993년 6월 9일에 "남은 금액을 돌려주지 않으면 사기죄와 배임죄로 고소하겠다"고 원고가 말하니, 피고는 동일에 원고의 집으로 와서 "남은 금액을 며칠 내로 주겠다"고 하기에 피고에게 "돈을 갚겠다는 각서를 작성해 달라" 했으나 피고가 주겠다 하며 산정하기에 각서를 받지는 못했습니다.

3. 피고가 돈을 반환하지 않기에 원고는 피고에게 수차 재촉했으나 "기다려 달라"는 소리만 했습니다.

원고는 1998년 5월 4일에도 "돈을 달라" 했으나 피고는 참아 달라고 하여 11년 동안을 기다렸습니다만, 2004년 4월 5일에도 같은 요구를 했으나 피고는 반환할 의사가 없습니다.

원고는 피고에게 2,900만 원의 원금 및 원금의 11년 동안의 이자(년 5%) 2,059만 원과 재산 피해를 입은 일부 손해액 금 1억 원의 합계액 금 1억4천9백5십9만 원에 대한 소송을 제기하여 청구합니다.

입 증 방 법(첨부 서류)

갑 제1호증. 현금 보관증
갑 제2호증. 등기부등본
갑 제3호증. 등기 권리증
갑 제4호증. 내용증명
갑 제5호증. 입금증
갑 제6호증. 공탁서
갑 제7호증. 결정문
갑 제8호증의. ① 확정 증명원
갑 제8호증의. ② 판결문
갑 제9호증의. ① 한라지방판정원 결정(2004년)
갑 제9호증의. ② 확정 증명원(2004년)

갑 제10호증. 개별공시지가 확인서
갑 제11호증. 소외 여선미의 병력 기록
갑 제12호증. 원고의 주민등록등본과
소외 여선미의 주민등록초본

2004년 8월 21일
위 원고 진실한

보문지방판정원 귀중

준비서면

사건 04가합 72936 손해배상(기)
04가합 21830 (반소)

원고(반소피고) 진실한
피고(반소원고) 허인영

귀원 위 사건에 관하여 원고(반소피고 - 이하 원고라 함)는 다음과 같이 준비서면을 제출합니다.

— 다 음 —

1. 피고(반소원고)는 1993년 4월 30일 이전엔 원고와 금전거래가 전혀 없는데 토지의 원소유자인 고의성과 피고는 공모하여, 제출한 결정문(입증 방법 갑 제7호증)의 부동산매매계약서를 보면

1991년 7월 5일에 동사건의 토지를 원고와 금 1,500만 원에 매매하였다고 허위 문서를 작성(매수인 원고의 기록란은 피고가 대필 함. 원고의 인장도 피고가 임의로 만들었음)하였습니다.

2. 피고가 직접 작성한 부동산매매계약서와 영수증은 원고가 피고에게 금 3,000만 원을 지불한 1993년 4월 30일 이후에 조작되었습니다.

원고는 2004년 1월 14일 이전에는 한라도에 갔던 일이 없고 소외 고의성은 원고에게 2004년 1월 16일 처음 만나서, 피고에게 팔은 땅은 가격이 한 평당 500원에 팔았다고 말했고, 2004년 8월 16일에 제출한 소외 사건의 '이행권고결정에 대한 이의신청서'에서는 소외 석재수에게 1평당 2,500원으로 매도했다고 하고 '석재수가 원고에게 매매했고, 가처분도 해주었고, 등기이전도 소외 여선미에게 했다'고 주장하지만, 원고가 석재수에게 확인하니 "얼굴도 모르는 당신에게 내가 어떻게 땅을 팔았겠느냐 하며 자기는 모르는 일이다"고 합니다.

고의성의 허위 주장 등을 종합하면 피고가 "땅을 소외 공구호(가상 인물)에게 매입하였다"는 거짓입니다.

3. 2004년 6월 8일에 북한라군 공시지가 담당 직무원에게 전화로 1993년도 동번지 부근의 1평방미터 당 매매 시가는 100원에서 150원이 라고 하는데 7년이 지난 2000년에는 어떻게 1평방미터에 8,000원이나 갑자기 많이 오른 근거가 무엇이냐고 하니, 직무원은 문서 보존 기간이 10년이기 때문에 산정한 표준지의 및 기타의 확인이 불가능하다고 하면서 7년 전의 공시지가를 문의하는데 알 수 없다는 어이없는 대답입니다.

※ 인터넷 상의 북한라군 홈페이지에는

㉮ 위 개별 공시지가는 토지 이동(분할 지목 변경) 등의 변경 또는 데이터 오류 등으로 실지 공시지가와 일치하지 않을 수도 있습니다.

㉯ '증명용 개별공시지가확인서를 발급 받고자 하는 분은 시군구 종합민원실에서 발급 받으시기 바랍니다' 하는 무책임한 자료를 내놓고 있습니다만, 특별한 조치를 취하지 않는다면 행정관서의 확인에 따라야 할 것입니다.

2000년 10월 동번지의 '등기권리증'에 부동산과세시가 표준란은 면적단위 가격이 6,000원으로 기록되어 있으나 북한라군의 홈페이지에는 2000년 1월 1일 기준은 개별공시지가가 8,000원으로 확정되어 있고 공시지가확인서 역시 8,000원으로 발행해 주고 있으니 등기이전 업무를 대행해 준 도우미는 6,000원의 근거를 제시해야 합니다. 법무도우미는 국가에서 인정한 자격으로 영업을 하지만 원고는 믿음과 신뢰를 갖고는 있습니다만, 원고는 개인사업자보다는 국가기관을 더 신뢰합니다.

4. 피고는 원고가 등기권리증을 갖고 있어 동소의 땅값은 금 3,000만 원이 분명하다고 주장하는데 등기권리증의 부동산매매계약서에는 가격이 1,200만 원으로 되어 있어 피고의 주장이 허위임이 밝혀졌습니다. 피고는 등기이전을 위하여 매매가를 적게 하여 신고한 것이라고 주장하나 마치 "남도 모두 도둑질하는데 내가 했다고 어떻게 내가 도둑놈이냐"고 항변하는 것과 같은 일고의 가치도 없다고 생각합니다.

법은 법을 준수하는 자에게만 법의 보호를 해주어야 한다고 생각합니다.

피고는 원고의 돈을 사취할 목적으로 접근하여 피고의 권유에 의해 원고는 피고에게 3,000만 원을 위탁하였고 피고의 사취 행위는 원고의 노력으로 1993년 6월 9일에 밝혀졌습니다.

또한, 피고는 1993년 4월 30일의 현금보관증은 시효 소멸되었다고 주장하려고 허위를 말하지만, 피고의 불법행위를 알고 지속적으로 피고에게 남은 돈을 돌려 달라하여 고향 사람들도 다 알고 있습니다.

본 건으로 1998년 5월 4일에 원고와 피고 간에 다툼도 있었지만, '오명수'와 친척들의 만류에 소란스러움이 진정된 일도 있습니다.

피고의 교활함을 예로 든다면 피고는 원고에게 행한 동일 수법으로 친척이나 고향 사람 중에 금전적인 여유가 있어 보이고, 친밀도 때문에 형사 고소하지 못하는 한국인의 정서를 교묘히 이용하여 서울 오명수 6,500만 원, 방아실 허승욱 3,500만 원, 버드네 허순희 4,200만 원, 노루골 봉팔이 형제(금액 미상) 등이 피해를 입었다고 원고에게 제보가 들어왔습니다. 그들은 피고에게서 영수증을 받지 않았고, 기타 증빙자료가 없어 청구를 못한다고 원고에게 하소연합니다.

5. 피고의 주장은 모든 경비를 피고의 개인 돈으로 납부하여 원고에게 혜택 준 것처럼 허위 증언하여, 마치 선량한 피고같이 행세하는데, 피고가 공탁금으로 미리 지불한 금액이 80만 원이라고 거짓을 말하며 원고에게 송금시키라고 하여, 피고가 출발한 2000년 10월 12일 한라행 비행기 탑승 전 9시 37분에 원고가 황금은행으로 입금 시켰습니다만, 피고는 등기이전 날짜와 송금일자가 동일하다는 이유 하나로 등기 비용과 기타 금액이라고 주장하면서,

피고는 등기권자 고의성을 만나기 전이고, 도우미 사무실에 도착하기도 전에 원고가 송금한 80만 원을 등기비용이라고 주장하는데, 당일에 사용한 등기이전 비용이라면 너무 많은 금액입니다.
지금은 등기비용이 206,000원이라고 하며 거짓을 합리화 시키려고 합니다(피고는 본 건과 관계없는, 당일에 현금 1,250만 원을 원고가 따로 지불한 돈이 있으니 피고 스스로 융통할 수 있었을 텐데 굳이 송금하라고 하였음). 이점 한 가지만 보아도 "비용 한 푼 받지 않았다"는 거짓이 드러났고 피고가 주장하는 모든 것은 허위입니다.

피고는 이제 와서는 피고가 주장했던 "모든 경비를 피고의 개인 돈으로 납부하였다"는 허위가, 원고가 제시한 입금증에 의해 밝혀지니 사실의 일부를 실토하고 있습니다.

원고는 피고에게 받을 금액이 금 2,300만 원이 있어서 송금을 하지 않으려 했으나 같이 따라간 원고의 처가 불안해(저열염 후유증) 할 것 같은 염려가 있으므로 송금했습니다.

6. 피고는 실제 매매계약서를 원고가 소유하고 있다고 거짓 증언을 하나 원고는 구경도 못했습니다.

7. 피고는 매도인의 잘못으로 소유권이전등기가 나오지 않는다고 하여 매도인이 도우미 비용을 전부 지불했다고 주장하지만, 농지매매법에 의하면 농지는 농민이 매수할 수 있는 것이기 때문에 매수인도 잘못이 크게 있습니다.

8. 피고는 원고가 의뢰했던 3,000만 원어치의 땅을 매입했으면 현 시가로 최하 15억 원 이상의 가격입니다. 피고는 원고에게 큰 피해를 입힌 것입니다. 재산상의 피해액 일부의 1억 원을 청구한 것입니다.

9. 피고는 2004년 4월 4일 오후에 전화로 원고에게 만나자 하기에 원고는 피고가 돈을 주기로 결심했나 생각하고 피고를 만났더니, 엉뚱한 말을 하기에 원고는 피고에게 돈을 받을 욕심으로 "내 사업이 망해 불쌍하여 도와주었다고 하라" 하니까, 피고는 "그래, 그렇다면 좋네" 하기에, 원고는 "나의 은행 구좌번호를 알려줄 테니 내일 오전까지 입금 시켜라" 하니, 피고는 횡설수설하며 대답을 안 하기에, 원고는 "자네가 결심을 한 것으로 잘못 알고 나왔다" 하며, 헤어진 후 허상식당에서 일인 시위를 하고 있으니 피고의 처가 원고에게 "이제 장사를 하지 않는다"고 했습니다.

10. 원고의 청구취지로 판결해 주십시오.

2004년 8월 21일

위 원고 진실한

보문지방판정원 귀중

답 변 서

사건　04가합 21830 (반소)
　　　04가합 72936 손해배상(기)

반소원고　허인영
반소피고　진실한

귀원 위 사건에 관하여 반소피고는 다음과 같이 답변서를 제출합니다.

반소 청구취지의 답변

1. 반소원고의 청구는 기각되어야 한다.

2. 소송비용은 반소, 본소 모두 반소원고의 부담으로 한다.
라는 판결을 구합니다.

반소 청구원인의 답변

1. 반소원고의 1, 2, 3항의 주장은 허위사실입니다.

2. 반소원고는 반소피고가 '업무방해' 한다고 신고하여 2004년 4월 3일 조사한 요원 2명에 의해 허상식당 현장에서 '업무방해 혐의는 있으나, 반소원고가 돈을 지불하면 되지 않느냐'고 했으며, 반소피고는 반소원고에게 피해 입은 여러 명의 피해자 인적사항

과 전화번호를 요원에게 말하였더니 반소피고의 행동을 제지하지 않았습니다. 반소원고는 업무방해죄는 피해자의 직업이 법적인 요건에 충족하지 않아도 된다고 명시되어 있다고 주장하겠지만, 그렇다고 허상식당의 피해가 있다고 하여도 반소를 제기한 것은 사업주 명의가 전다원으로 법리에 어긋납니다.

3. 반소원고의 처 전다원의 주장으로는 허상식당을 영업부진으로 양도하려고 이미 2004년 1월 15일에 대박부동산에 매매 의뢰했으나, 터무니없는 가격을 제시하니 양도를 못하고 있다가, 반소원고의 처 전다원은 교우에게 2004년 4월 8일에 양도했습니다.

반소원고는 처(전다원) 소유의 사업장을 반소원고의 소유 같이 판정원에 반소장을 제출했습니다.

정신적 위자료 역시 반소피고는 형사재판이 진행 중이고 형이 확정되기 전에는 무죄이므로 반소원고는 청구할 근거가 없습니다.

4. 반소원고의 자격 없는 주장이지만 손해액의 상정도 반소피고는 수차례에 걸쳐 객관성 있는 입증자료를 제출해 달라고 하였으나 반소원고는 제출 안 하고 있습니다.

개업할 때의 시설로 14년 동안 사용했으니 감가상각비도 있는데 반소원고의 주장은 가당치도 않을 뿐더러 물건 값의 명세 내용 이라든가 손해액의 증거 자료가 없이 오직 대박부동산의 매물 메모 형식의 노트를 증거라고 하는 것에는 동의 할 수 없습니다.

반소원고 처 전다원의 사업은 간이사업자로서 1년의 총매출이 4,800만 원이 넘지 않는 영세한 업체라는 것에는 동의합니다. 1년 매출 4,800만 원이면 월 매출이 400만 원이고, 반소피고도 사업을 했습니다만 월 400만 원 매출로는 주방에 직원들의 월급이 최소

200만 원(주방장의 급여는 보통 200만 원에서 250만 원 합니다)은 지출할 것이고 식자재 구입비와 전기, 수도 사용료 그리고 월 40만 원의 임대료를 지불하고 나면 현재의 경영 상태로는 적자라는 답이 나오는 업소에 권리금이 있다고 합니다.

반소피고는 허상식당 매도가 '까마귀 날자 배 떨어지는 격'이 되었지만 허상식당의 소유주 전다원에게는 낡고 적자보는 가게를 거금 2,000만 원을 받고 매도했다니 큰 행운입니다만 반소장에 증거자료를 제출하려면 2,000만 원에 대한 소명도 있어야 한다고 반소피고는 주장합니다.

반소원고의 처는 장사도 안 되고 인수자가 없어 임대보증금도 까먹을 수밖에 없었던 허상식당을 반소피고가 시위를 하여 장사 할 수 없다고 맹숙자를 속여 경험 없는 교우에게 매도했습니다.

반소피고에게는 '까마귀 날자 배 떨어지는 격'이 되었고 허상식당의 소유주 전다원에게는 낡고 적자 보는 가게를 거금 2,000만 원을 받고 매도했다니 큰 행운입니다.

5. 반소원고의 청구를 기각해 주십시오.

2004년 8월 21일
위 반소피고 진실한

보문지방판정원 귀중

❖ 8월 26일

판정원에 피고 고의성 사건에 대하여 문의하니 사건이 민사 12단독부로 이송 되었다고 한다.

원고는 같은 번지의 토지 1필지로 본 건(피고 허인영) 외에 다른 사건(피고 고의성)을 병행하고 있는데, 고의성은 "혼자 살겠다"는 어리석은 생각에 의기투합하여 공모할 때는 언제고, 이제 와서는 피고 허인영을 궁지에 몰아넣고 있다.

고의성이 판정원에 제출한 서류에는 모든 것을 부인할 뿐더러 한라지방판정원의 판결문 자체도 부인하고 있다.

❖ 9월 28일

판정관이 원고와 피고가 제출하고 수령한 서류의 확인을 하는 도중, 원고에게 "피고가 반소장에서 제출한 영수증을 받았지요" 하기에, 원고는 "영수증은 받았지만 자금의 출처와 사용처는 확인 못했습니다" 했더니 판정관은 원고의 어리석음에 한동안 말을 잇지 못하는 것 같았다.

"원고는 본 사건 때문에 발생한 형사사건으로 약식명령의 처분을 받았으나, 불복하여 정식판정을 청구한 형사사건의 피고인"이라고 말씀드렸더니, 진행하려고 했던 일정을 취소하며 원고와 피고에게 '형사기록 인증등본 송부 촉탁 신청'을 하라 명령한 후, 다음 기일은 추후 결정하겠다고 했다.

왜 판정관은 더 진행하지 않았을까?

〈원고의 어리석음〉

① 민사사건의 증거자료는 당사자가 입증 책임이 있습니다. 형사사건의 모든 증거자료는 국가 공권력이 준비하는 것이고, 증거 능력이 없는 사문서를 원고에게 받았느냐고 질문한 판정관이 피고에게 보정명령을 내리지 않은 것에 불만이 있었습니다만, 판정관은 말 그대로 판정을 해 줄 뿐이지 원고, 피고 어느 누구에게도 유리한 사실의 조언을 절대 말하지 않습니다.

② 원고는 '에델바이스'의 고운 선율이 귓가에 머무르면 행복감을 느끼고, 오스트리아의 아름다운 산과 풍경을 떠올리며 좋은 민요를 갖고 있는 문화민족이라고 생각했었습니다.
남의 꿈을 깨는 것을 업으로 삼는 심술궂은 사람이 에델바이스는 민요가 아니고, 영화 '사운드 오브 뮤직'을 위해 작곡한 노래라고 하네요. 미워라.

❖ 9월 30일

원고 진실한은 피고 허인영을 법관의 판단을 흐리게 할 목적으로 가공의 인물 공구호를 내세우며 허위로 서류를 제출하였으므로 소송 사기죄로 고소했다.

❖ 12월 23일

치안담당서의 조사관에게 '허인영 소송 사기 고소사건'의 진행을 알아보니, 허인영과 전화통화가 안 되어 주민등록지를 방문하였으나 거주하지 않아 수배를 내려야겠다고 한다.

❖ 2005년 2월 20일

피고소인 허인영의 주거지를 알게 되어 태민치안담당서 조사관에게 연락했다.

❖ 3월 2일

증인으로 신청하려고 했던 최정우와 오명수의 확인서를 받아 제출했다.

㉠ 사건의 토지 가격에 대한 최정우 확인서 1부
㉡ 시효기간 유효에 대한 오명수 확인서 1부
㉢ 최정우, 오명수의 주민등록표초본 1부

❖ 3월 5일

태민치안담당서 조사관에게 문의하니 허인영에게 소환장을 보냈다 한다.

❖ 3월 14일

허상식당의 매매 자금의 출처를 확인하려고 전화를 하니 맹숙자는 기다렸다는 목소리였고, 전화기에서 멀리 있는 듯한 맹숙자의 남편을 "여보!" 하며 큰 소리로 호들갑스럽게 부른다.

맹숙자의 남편에게 자금의 출처와 지불 방법에 대한 문의를 하니 명확한 답변을 해주지는 않았지만 정황상으로 정상적으로 지불한 것 같다.

그를 만나야 할 이유가 없는데도 '만나자'고 사정하였고, 전화번호를 알려 달라고 하였지만, 거절하면서 "저를 도와주시려고 하는 것 같은데 고맙습니다만 만나지 않겠습니다"라고 의사를 밝혔다.

나중에 알게 된 사실이지만 맹숙자는 허인영이 자기에게 매도한(매도금액 4,000만 원) 동업종의 식당을 맹숙자의 식당 근처에 개업하여 영업 중이라, 신경 쓰이는 일의 처리(업무방해)를 나를 이용하는 방법으로 해결하려 한 것이다.

앞에서도 밝혔지만 허상식당의 주 고객은 에고티즘 교회의 교인이 대부분 이용하는데 허인영의 동업종 개업으로 식당 손님이 반으로 나뉘게 되어 맹숙자에게는 타격이 크다. 허인영은 이렇게 부도덕하다.

그리고 맹숙자는 허인영이 교회의 집사님이라 그의 말만 믿고 식당 인수 대금을 4,000만 원으로 결정했는데 식당을 운영하면서 알게 된 사실이지만 식당의 가격이 2,000만 원도 안 된다고 투덜거린다.

▶ 판정관의 '인사이동'

새로운 판정관이 담당한 '조정실'에서의 '변론준비기일'을 끝내고 '변론기일'이 '판정장 325호실'에서 4월 11일로 날짜가 결정 되었다.

❖ **3월 21일**

변론기일 연기 신청을 했다.

기일 변경신청서

사건 04가합 72936 손해배상(기)
04가합 21830(반소)

원고(반소피고) 진실한
피고(반소원고) 허인영

위 사건에 관하여 원고는 아래와 같은 사유로 변론기일을 연기 신청하오니 허락하여 주시기 바랍니다.

— 아 래 —

1. 원고는 피고를 2004년 9월 30일에 소송사기 혐의로 고소하였습니다. 그러나 사건의 조사는 다음 사유로 지연되고 있습니다.

① 피고 소유의 휴대폰은 태민치안담당서와 통화 되지 않았고,

② 태민치안담당서 조사관은 피고의 주소지에 방문하였으나 피고가 주소지에 거주하지 않아 “피고소인 수배를 내려야 겠다”고 원고에게 답변해 주었습니다만, 답보 상태에 있습니다.

③ 2005년 2월 20일 원고가 담당 조사관에게 피고의 주거지를 알려 수사가 재개 되어 진행 중, 이번에는 참고인으로 조사할 소외 고의성과 연락이 되지 않아 조사관은 참고인 조사를 하기 위하여 사건을 한라치안담당서에 동년 3월 17일 이송했습니다.

④ 현재 원고가 고소한 사건은 한라치안담당서에서 조사 중입니다.

2. 원고가 고소한 형사 사건이 본 소송에서 원고에게 유리한 증거를 제공할 것이라는 판단으로 2005년 4월 11일로 결정된 변론기일을 원고가 귀원에 『형사사건의 소명 자료』를 제출할 때 까지 연기해 주시기를 청원 하오니 허락하여 주시길 바랍니다.

첨 부 자 료

1. 사건처리 진행상황 통지 1부

2005년 3월 21일

위 원고 진실한

보문지방판정원 귀중

❖ 3월 30일

원고가 신청한 기일 연기 신청의 수용 여부를 담당 판정관 보조원에게 질문한 결과, 보조원은 민사사건과 형사사건은 별개라고 하면서 별도의 통지가 없으면 변론기일 하루 전에 다시 전화해 달라고 한다.

판정관은 원고의 요구를 받아 주지 않을 것 같다.

지금까지 많은 시일이 걸렸던 판정 소요 기일을 개혁하여 국민의 편리를 위해 신속히 처리하려는 방침 때문이기도 하다는 생각이다.

보문지방판정원은 신속한 판정을 하는 판정원으로 전국에서 새로운 방식을 도입한 시범 운영 판정원이다.

판정 과정의 진행이 무척 빨라 좋다는 의견이 90%이고, 준비에 정신이 없을 정도의 불편함은 10% 정도 된다고 생각 든다(원고의 기일 연기 신청을 판정관은 받아들이지 않음).

❖ 4월 2일

허상식당 맹숙자의 확인서를 첨부하여 반소장에서 허인영이 주장한 금액의 반론 답변서(반소피고 - 진실한)를 제출했다.

답 변 서

사건 04가합 21830 (반소)
04가합 72936 손해배상(기)

반소원고 허인영
반소피고 진실한

위 사건에 관하여 반소원고(04가합 72936 피고)는 허상식당의 사업주가 전다원이므로 자격 없는 반소를 제기했지만, 반소원고의 허위를 입증하기 위하여 반소피고는 답변서를 제출합니다.

— 다 음 —

1. 반소원고는 반소장 손해액 산정에서
   ① 시설비 3,000만 원
   ② 권리금 1,000만 원
   ③ 물건값 2,000만 원
   ④ 보증금 1,000만 원

의 금액을 받을 수 있다고 주장했으나, 헐값인 2,000만 원에 매매 하여 5,000만 원의 피해를 입었다고 귀원에 반소장을 제출했습니다.

2. 인수자 맹숙자는 식당의 인수금을 4,000만 원으로 확인을 해 주었습니다. 맹숙자는 일시불로 3,000만 원을 주었고 1,000만 원은 외상값을 갚는 조건으로 계약했습니다.

3. 사업주 맹숙자는 낡은 시설이라 사용할 수 없어 수리하여, 식당을 운영하고 있습니다.

4. 맹숙자의 남편은 2005년 4월 1일 반소피고에게 물건값은 약 600만 원에 불과했다고 말해 주었으며, 맹숙자는 동년월 2일에 물건값 600만 원의 정확한 금액(몇 십만 원의 오차)은 잘 모른다고 말하며, 법정 진술이 필요하면 사실대로 증언하겠다 했습니다.

입 증 자 료(첨부 자료)

1. 확인서(허상식당 인수자) 1부

2005년 4월 2일
위 반소피고 진실한

보문지방판정원 귀중

확 인 서

본인은 2004년 4월 8일에 허상식당을 전다원에게 매입하여 현재 운영 중입니다.

식당의 매매 과정에서 허인영은 식당의 물건값, 집기물, 시설비 모두를 포함한 금액 4,000만 원에 인수를 권하여 본인은 자영업을 하고 싶어 하는 아들의 장래를 위하여 평소 친분이 있던 그들 부부의 말을 믿고 4,000만 원에 식당을 인수하였습니다.

※ 집기와 시설물은

1) 집기류(가스렌지 등)는 낡아서 거의 폐기 처분 후 새로 구입하였고,

2) 식탁도 낡아 사용할 수 없어 식탁 위에 유리로 덮어 사용하며

3) 내부 시설 역시 전다원이 14년 동안 사용했던 시설이라 그대로 사용할 수 없어 전등 교체, 천장 및 벽면 페인트 칠, 음식 진열대, 그림 장식 등을 본인의 비용으로 수리하여 영업하고 있습니다.

2005년 4월 2일

위의 내용은 틀림이 없음을 확인합니다.

상호 허상식당
주소 보문광역시 금정구 정선동 275-21
전화 091-785-6381
사업주 성명 맹숙자(5408××-245××××)

❖ 4월 9일

변론기일에 판정장에서 변론하는 모든 진술은 녹음이 되리라 생각 하지만, 문자로 된 변론을 하는 것이 나을 것 같은 판단으로 준비서면을 제출했다.

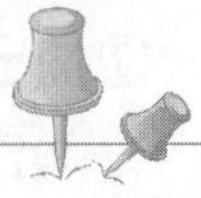

준비서면

사건 04가합 72936 손해배상(기)
04가합 21830 (반소)

원고(반소피고) 진실한
피고(반소원고) 허인영

위 사건에 관하여 원고는 다음과 같이 지금까지의 원고 변론을 요약하여 준비서면을 제출합니다.

— 다 음 —

1. 피고는 원고가 제출한 청구취지대로 금액을 지불해야 하고 이율을 지불해야 한다.

〈이 유〉

① 피고가 발행한 현금 보관증의 금액에서 토지 매입 자금을 사용하고 남은 금액의 원금 및 이자, 손해액에 대한 원고의 지불 요구.

② 토지 금액의 산출 근거 : 원소유자 고의성의 매매 토지 가격 진술 금액을 목격하고 최정우가 작성하여 제출한 확인서에 의한 근거와 원고가 제출한 인적 사항의 원고와 동일한 피해자의 동일 피해 사례.

③ 채권의 유효 시효에 관한 확인서를 작성해 준 오명수의 확인서

④ 피고는 공구호에게 토지를 매입하고 공구호를 통하여 고의성을 알고, 법적인 조치를 했다고 답변서에 진술하였으나 공구호는 가공인물이고 타 소송 건에서는 고의성과 진술이 서로 틀림.

2. 반소장의 청구는 기각 되어야 합니다.

〈이 유〉

① 허상식당의 법적인 소유주는 반소원고가 아니고 사업자 등록상의 명의인 전다원입니다. 반소원고는 실질적인 소유주는 자신이라고 주장하나 이는 법 정신에 어긋남(대법원 판례).

② 반소원고의 정신적 위자료 청구는 반소피고가 형이 확정되기 전에는 무죄이므로 이유 없음(대법원 계류 중).

③ 반소원고는 반소피고 때문에 허상식당을 급히 양도했다고 하며 하수인 3인의 확인서를 제출하였으나 그들은 반소원고가 식당을 부동산에 매도 의뢰해 놓고 반소원고가

주장한 금액의 변동 없이 약 3개월가량 동안은 매입하지 않았으면서도 본 사건이 진행 중에 확인서를 작성한 점을 보면 반소원고와 친밀한 관계가 있는 교우로서 반소원고에게 유리한 증거를 만들기 위해 근거 없이 작성했다고 사료 됩니다(식당 가격의 근거 : 식당을 매입하고 운영하는 맹숙자 확인서).

④ 반소피고는 반소원고의 손실금액 자료를 요구했으나 객관적 증거 자료 없이 부동산 장부에 의거 주장하지만,

Ⓐ 물건값의 명세 내용이 없음.

Ⓑ 현 업주 맹숙자는 수리비 250만 원 지출하여 식당답게 수리하여 영업하고 있다고 증언하므로 반소원고는 지금도 늦지 않으니 시설비에 대한 자료 제출을 요구 함(반소원고는 이제 와서 남의 식당을 어떻게 평가하느냐 반론하고 있지만 맹숙자는 반소피고에게 사실대로 확인서는 작성해 주었고, 반소피고보다는 반소원고가 친밀도는 더 있는 교회의 집사님과 평신도 관계가 있으므로 억지에 불과함).

사업주 전다원은 이미 대박부동산에 가게 매매를 의뢰하였으나 현재 업주 맹숙자의 확인서 내용대로 터무니없는 가격을 제시 하여 매도를 못하고 있던 차에 반소피고의 시위를 역이용하여 매도하였음.

〈근 거〉

ⓐ 맹숙자는 반소원고를 깍듯이 대하고 있으나 반소피고가 사실대로의 확인을 부탁하니 확인서를 작성해 주었음.

ⓑ 대박부동산 업주는 반소피고가 허상식당의 기록란은 글씨가 간격이 좁아 보이니 장부를 보여 달라 하였으나 욕설과 거부로 불가능하였음.

ⓒ 반소원고는 반소피고가 주장하는 사실에 대한 반론의 증거자료가 없음.

3. 결론

반소피고 때문에 허상식당의 피해가 있다면 사업주가 청구해야 합니다.

2005년 4월 9일

위 원고(반소피고) 진실한

보문지방판정원 귀중

❖ 4월 11일

변론을 종결했다.

피고는 허위로 가득한 인신공격성 발언을 판정부에 말하기에 원고는 "이의 있다"고 판정관에게 항의하니, 판정관은 앞으로 피고에게는 10초의 발언 시간을 주겠으며(피고의 발언 시간이 20초 정도 경과한 것 같음) 원고에게는 30초의 시간을 준다고 했으나 원고는 최종(4월 9일자) 제출한 준비서면으로 대신한다고 간단하게 말하며 모든 변론을 끝냈다.

최선을 다했으니 담담(淡淡)한 마음으로 하늘의 뜻을 기다리며 하산할 준비를 한다.

❖ 5월 4일

선고일이다.

대장정(大長程)이었다.

피고 송민형 손해 배상 청구 사건

※ 본 사건의 등기이전을 대행한, 법무도우미를 상대로 민사적 판정을 청구하였다.

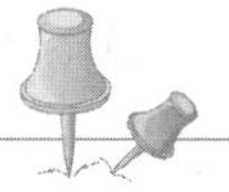

소 장

원고 진실한(4807××-145×××)
보문광역시 성동구 양덕동 257-18(우편번호 123-456)
전화 : 091-880-8657 / 0111-4190-7777

피고 송민형
한라도 울릉시 법환동 1301-62(우편번호 345-567)
전화 : 064-700-5555

손해 배상(기) 청구의 소

청 구 취 지

1. 피고는 원고에게 금 500만 원 및 이에 대한 이 건 소장 부본 송달일 그 다음날부터 다 갚을 때까지 연 20%의 비율에 의한 금원을 지급하라.

2. 소송비용은 피고의 부담으로 한다.

3. 피고는 한라도 북한라군 대정읍 상모리 2,882번지의 등기부 등본 갑구 3항을 말소 시켜 원상 복귀하라.

4. 위 제1항은 가집행할 수 있다 라는 판결을 구합니다.

청 구 원 인

1. 피고는 원고가 1993년에 가처분해 놓은 토지 한라도 북한라군 대정읍 상모리 2,882번지를 2000년 10월 12에, 원고의 동의 없이 고의성과 동번지 여선미의 부동산매매계약서에 의한 매매 원인으로 등기이전 업무를 대행하였습니다.

2. 피고는 원고의 위임장이나 인감증명서 등의 첨부서류 없이 등기이전이 어떻게 가능했는지요.

피고의 잘못으로 원고가 토지를 이용할 때 피해가 발생한다고 생각 듭니다.

따라서 피고는 정신적인 피해 손해액 500만 원을 지불해 주도록 청구합니다.

입 증 방 법(생략)

첨 부 서 류(생략)

2004년 5월 29일
위 원고 진실한

보문지방판정원 귀중

❖ 2004년 7월 9일

귀원 위 사건에 관하여 원고는 준비서면을 제출합니다.

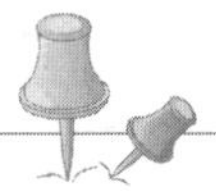

1. 피고는 1993년에 한라지방판정원 판정관 고미남의 사건 93카 9036 부동산처분금지가처분의 판결 결정 주문대로 '피신청인은 별지 목록 기재 부동산에 대하여 매매, 증여, 양도, 저당권, 임차권 및 전세권의 설정 기타 일체의 처분 행위를 하여서는 아니된다'의 판결을 무시하고 피신청인(고의성)의 동사건 관련 토지의 매매 행위를 결과적으로(고의, 실수를 떠나서 민사적인 표현은 공동책임이라고 하나요? 형사사건으로 말하면 공동정범 관계와 같습니다) 도와주었으므로 본 사건을 청구했습니다.

2. 원고의 청구취지 및 청구원인 변경신청서와 같은 판결을 구합니다.

보문지방판정원

기일변경명령

사건번호　2004가소 8526247　손해배상(기) 청구

원고　진실한

피고　송민형

위 사건에 관하여 지정된 2004. 10. 14. 10:30 변론기일을 다음과 같이 변경한다.

변경 된 기일 : 추후 지정

2004. 9. 21.

판정관 공평한

답 변 서

사건번호 2004가소 8526247 손해배상(기) 청구

원고 진실한

피고 송민형

피고는 위 사건에 대하여 다음과 같이 답변합니다.

청구취지에 대한 답변

1. 원고의 모든 청구를 기각한다.
2. 소송비용은 원고의 부담으로 한다.

라는 판결을 구합니다.

청구원인에 대한 답변

1. 원고는 가처분해 둔 토지를 소외 고의성으로부터 원고의 처 여선미에게 동사건의 토지소유권 이전 등기 업무를 피고가 대행하여, 원고에게 피해가 있을 것이라고 주장하며 손해액 500만 원을 청구했습니다.

피고는 법무도우미로 소유자 고의성과 매수자 여선미에게서 이 사건 토지 소유권 이전 등기를 수임 받고, 피고 고유의 업무를 수행하여 부동산등기법과 법무도우미법을 적법한 절차로 이행하였습니다.

2. 원고는 동의 없이 소유권 이전 등기를 어떻게 하였는지

의문이든다고 하지만, 이는 부동산등기법을 알지 못하는 어리석은 소치로써 가처분된 부동산도 얼마든지 소유권 이전 등기를 할 수 있는 것입니다. 원고는 가처분권리에 의한 소유권 이전 등기를 하면 여선미 명의의 등기는 말소되는 것입니다.

원고의 청구취지원인 변경신청서에 추가한 '소유권 이전 등기 말소 원상회복 청구'는 법리에 어긋납니다.

3. 피고는 원고의 청구에 대응할 이유가 없고, 피고는 주소지에서 도우미업을 경영하고 있으며, 이 사건의 등기이전도 한라시에서 이루어졌을 이 사건을 한라지방판정원으로 이송을 요청합니다.

4. 피고의 청구취지에 대한 답변의 판결을 바랍니다.

2004년 10월 일

피고 송민형

보문지방판정원 귀중

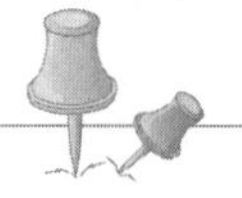

준비서면

사건번호　2004가단 824355　손해배상(기) 청구

원고　진실한

피고　송민형

위 사건에 원고는 다음과 같이 준비서면을 제출합니다.

피고의 청구취지에 대한 답변

1. 피고는 사회의 지도층(법률에 대하여)으로써 성실히 도우미 법과 부동산등기법을 수행하여야 함에도 불구하고, 서류를 임의로 작성하여 소외 여선미에게 등기이전을 해주었으므로 피고의 청구는 기각한다.

2. 피고는 원고에게 손해액 500만 원을 지불하라.

3. 소송비용은 피고의 부담으로 한다.

라는 판결을 구합니다.

피고의 청구원인에 대한 답변

1. 피고는 답변서에서 부동산등기법의 정당한 업무를 이행했다고 하나 원고가 이미 제출한 본 건의 등기권리증을 보면 피고가 작성한 '부동산과세시가'를 무슨 근거로 가격을 산정했는지 증거가 없습니다.
부동산매매 대금 1,200만 원을 짜 맞추기 위한 고육책입니다.

2. 피고는 부동산등기법을 원고가 이해하지 못한 소치라고 반박하지만, 부동산등기법에는 분명 모든 서류의 기재는 사실대로

해야 한다는 법조문이 있거나 그러한 조항이 없다면 도우미의 양심에 따라 정직하게 서류를 작성하여 업무를 이행하여야 합니다.

3. 피고는 원고의 '소유권이전등기말소 원상회복' 청구가 법리에 어긋난다고 주장하지만 원고가 농민의 자격을 취득하지 못한 상태라 부동산 등기이전을 청구할 수 없는 상황에서 보문지방판정원에 현재 진행 중인 소외 사건의 진행에 불편함이 있습니다.

원고가 피고 때문에 손해를 보고 있다는 사실을 알게 된 것은 이 판정원 '소외 2004가소 5210917 부당이득금 사건'을 시작한 2004년 6월부터입니다.

4. 피고는 개인 사정(도우미 영업)을 이유로 동사건을 한라지방판정원으로 이송해 달라하는데 같은 논리라면 원고는 현재 보문지방판정원에 원고와 피고로써 소송 대리인 없이 민사적 판정을 진행 중이고 보문지방포도청에 피의자 신분과 고소인이라 원고 역시 보문시를 떠나기가 곤란합니다.

피고의 요청은 거절하여 주십시오.

5. 원고의 청구취지에 합당한 판결을 구합니다.

2004년 10월 8일

위 원고 진실한

보문지방판정원 귀중

준비명령에 대한 답변서

사건번호　2004가단 824355　손해배상(기) 청구

원고　진실한
피고　송민형

원고는 귀원의 석명 준비 사항에 대하여 다음과 같이 답변합니다.

가. 피고의 의무 위반 사항.
형법을 위반한 공문서 원본의 부실기재 혐의가 있으나 시효 만료로 형사 처분을 요구할 수는 없습니다.
피고가 작성하여 등기소에 제출한 동사건의 부동산 과세시가 표준액은 면적단위 가격을 6,000원으로 기재하였으나, 이는 피고가 부속서류로 공시지가확인원을 제출했음에도, 피고 실수에 의한 결과이거나 매매 대금을 짜 맞추기 위해서입니다.
개별공시지가 확인서는 면적단위 가격을 8,000원으로 발행하고 있습니다(첨부 자료 1번).

나. 피고에 의하여 가처분된 원고의 권리 침해 사실 자료.
원고는 매입한 토지의 등기권 권리가 없고 가처분해 놓은 상태입니다. 피고는 원고에게 '원고의 가처분권은 지금도 있으므로 가처분권 권리 침해는 없고, 부동산 등기이전이 잘못 되었으면 부동산등기법에 따라 처리하면 된다'고 반론했으나, 피고가 억지 주장을 한다고 해도 이는 원고의 권리를 침해한 것입니다.

원고는 동사건 토지의 원소유자(소외 고의성)를 상대로 소유권 이전등기의 소송을 위한 민선 도우미를 선임하여 한라지방판정원으로부터 승소 판결을 받았기에 피고의 주장은 억지입니다(원고가 승소한 "피고 고의성은 원고 진실한에게 등기이전 하라"는 판결문이 없으면 이 사건은 이루어질 수도 없는 것입니다) (첨부 자료 3번).

피고 때문에 원고가 '아내는 보통 사람이 아니다'는 것을 타인에게 고지하는 아픔도 있습니다.

등기권자가 원고의 권리를 침해했을 때 부동산등기법에 의하여 법률적인 절차를 거쳐 원고의 권리를 회복하면 된다는 부동산등기법의 법 해석을 잘못 해석한 주장을 피고는 하고 있으나 이는 심히 유감스럽습니다.

이 사건은 쓸데없이 남편이 아내를 상대로 법률적인 해결을 해야 하는 소외 여선미의 궁박함을 악용한 소외 허인영, 고의성의 이중 불법매매의 범죄(형법 제349조)에 연루된 사건입니다.

피고는 원고의 일반적인 생각으로 피고의 실수로 범의 없이 범죄에 가담하여 피고도 일종의 피해자라는 판단이지만, 그렇다고 원고가 입은 피해의 배상 책임을 묻지 않을 수는 없습니다.

Ⓐ 피고의 잘못이 없었다면 토지매매 금액으로는 동사건의 토지에 대한 등기이전 절차가 복잡해질 수도 있었다고 생각이 들고, 공시지가 확인서의 가격으로 산정된 공시지가 이하 가격으로 매매 될 수도 있음은 원고도 알고 있습니다만 당시의 한라도 부동산 투기 열풍의, 상식적으로 이해하기 힘듭니다.

Ⓑ 피고의 잘못이 없다면 소외 고의성이 범죄(이중 불법매매)에 이용하지 못했다고 생각할 수도 있습니다(세금에 대한 세원사무서의 이의제기) (첨부 자료 2번).

Ⓒ 원고는 한라지방판정원에서 받은 판결문에 의해 농민 자격 획득 후 쉽게 별도의 절차 없이 원고의 권리를 등재할 수 있는 것을 소외 여선미가 등기권리자이므로 여선미와 법률에 의하여 원고의 소유권 이전 등기를 하여야 하므로, 피고의 법무도우미법과 부동산등기법 위반(① 다른 법률에 의하여 제한된 사실은 기재 금지, ② 부실 기재)으로 원고가 법적인 절차를 진행(시간과 비용의 필요함)하여야 하는 원고의 권리 침해가 있습니다.

위 '공문서 원본의 부실기재'와 부동산등기법이 원고에게 유리한 증거 자료가 된다고 판단하여 첨부 자료를 제출합니다.

다. 본 등기를 하지 않은 이유.

① 홍길동 전 대통령의 특별 조치로 등기이전 명령의 판결문이 있어도 농민이 아니면 당시 등기이전이 되지 않았고 현재도 같습니다. 농지는 농민이 아니면 농지매매가 불가능하여 원고가 농민 자격이 없어 등기이전 불능 상태입니다(첨부 자료 4번).

② 회사의 대표자였던 원고 스스로 은퇴하여 시간의 여유가 많으므로 농민 자격을 취득하여 등기이전을 하려고 계획 중입니다.

라. 결론

원고의 청구취지대로 판결해 주시기 바랍니다.

첨 부 자 료

1. 부동산 과세시가 표준(피고 작성) 1부
2. 개별공시지가 확인서(사건 지번) 1부
3. 한라지방판정원 판결문. 1부
4. 한라지방판정원 결정문. 1부
5. 원고의 주민등록초본. 1부

2005년 3월 3일

위 원고 진실한

보문지방판정원 귀중

준비서면

사건번호　2004가단 824355　손해배상(기) 청구

원고　진실한
피고　송민형

원고는 다음과 같이 준비서면을 제출합니다.

— 다 음 —

1. 피고는 법무도우미법과 부동산등기법을 위반하였습니다.

가. 법무도우미법 위반 혐의

① 법무도우미법 제1장 총칙 제2조 2항에 『다른 법률에 의하여 제한되어 있는 것은 이를 작성할 수 없다』를 위반(한라지방판정원 결정문 부동산처분금지가처분)했습니다. 물론 위의 내용을 엄격히 적용하면 사회에 역기능을 초래할 수도 있어 융통성 있게 운영하고 있음을 원고도 알고 있습니다.
예를 든다면 800만 원 가치의 부동산에 채권자의 '매매금지가처분권'이 되어 있는 것을 소유하고 있는 등기권리권자가 매도했을 때, 매입자는 자신의 권리 보호를 위하여 우선 10만 원 정도를 지불하고 부동산이전등기를 신청 후 '매매금지가처분권'을 해제하는 절차를 진행하고 나머지 금액을 지불하는 방식의 약정을 한 경우

를, 현실적으로 묵인되는 것뿐이지 적법한 절차는 아닙니다.

② 동법 제13조의 5항은 '위촉인을 확인하고 사건부를 기록하여 10년 동안 보존'해야 합니다.
원고는 피고가 사건부를 기록하고 보존하고 있는지 여부는 알 수 없으나 이 판정원 같은 판정관님께서 심리하시는 소외 사건의 피고 고의성이 준비명령(석재수의 진술서)을 충족시키지 못했는데, '사건부'에 기록된 인물의 확인서를 발급 받아 제출하면 소외 사건도 참고자료가 되어 판단할 수 있다는 원고 의견입니다.
피고는 법률전문가이므로 이러한 원고의 주장을 충분히 예측하고 있다고 생각합니다.

나. 형법 위반 혐의 : 형법 제228조를 위반한 공정증서원본 등의 부실기재 혐의가 있습니다(공시지가의 다른 가격 기재).

다. 부동산등기법 위반 혐의 : 가, 나의 법률에 중복되어 있어 원고는 설명을 생략합니다.

2005년 3월 15일
위 원고 진실한

보문지방판정원 귀중

❖ 2005년 3월 20일

법무도우미 송민형 피고 사건의 변론기일이었으나 피고는 판정장에 불출석했다.

판정관은 원고에게 증거 자료를 제출할 것이 없으면 4월 15일에 결심하겠다고 한다.

❖ 4월 15일

피고 송민형 민사사건은, 원고가 패소하였고 승복한다.

판결문은 원고가 제출한 법적근거에 대한 자료(행정관서 발행)를 인정할 수 없다는 것이고, 법무사법 위반에(원고 제시) 대응하는 법적 근거를 제시하지 않았다.

(내국인은 숙제 : 외국인은 homework)

원고의 선택이 승복하는 이유와 원고가 향후 부동산등기권의 법적 문제를 해결하면서 발생하는 실질적 피해에 대하여 피고에게 어떻게 대처할 것인지 아래에서 정답을 선택하라.

① 한다. ② 안 한다. ③ 잘 모르겠다.

피고 고의성 부당 이득금 반환 청구 사건

지난 2004년 5월 9일에 원고 여선미, 피고 고의성에게 제기했던 소송을 5월 21일에 '원고의 남편이며 소송 대리인'의 법리 해석 잘못으로 소 취하하였던 사건을 다음과 같은 내용으로 다시 제출했다.

원고의 대리인(남편)은 일반적인 상식으로 돈을 주고 담보를 잡았다면, 돈을 돌려받으면 담보 물건을 내주는 식으로 생각했던 것이다.

※ 동일한 사건들이 '사건 번호'에 바뀜이 있음은 좀 더 신중히 판정하려는 생각으로 '소액 판정부'에서 '단독 판정부'로 사건이 이송된 까닭이다.

소 장

원고 여선미(5112××-245××××)
보문광역시 성동구 양덕동 257-18(우편번호 123-456)
전화 : 091-880-8657 / 022-4190-7777

피고 고의성(410×××-195××××)
한라도 북한라군 대정읍 상모리 444(우편번호 456-789)
전화 : 064-900-6767

부당 이득금 반환 청구의 소

청 구 취 지

1. 피고는 원고에게 금 16,389,000원 및 이에 대한 이 건 소장 부본 송달일 그 다음날부터 다 갚을 때까지 연 20%의 비율에 의한 금원을 지급하라.

2. 소송비용은 피고의 부담으로 한다.

3. 위 제1항은 가집행할 수 있다.
라는 판결을 구합니다.

청 구 원 인

1. 원고는 피고에게 2000년 10월 12일에 금 1,200만 원을 주고 북한라군 대정읍 상모리 2,882번지를 구입하였고, 동번지의 등기이전을 위하여 세금(취득세. 등록세) 23만 원을 납부하여 합

계액 1,223만 원을 소비하였습니다.

2. 피고는 동사건 토지를 남편에게 매도하고 원고에게도 이중 매도하였습니다.

3. 원고는 피고가 부당하게 취득한 1,200만 원과 원고가 이유 없이 납부한 등록세, 취득세 23만 원의 합계액 1,223만 원의 원금과 6년 동안의 이자(년 5%)액 4,159,000원을 합산한 16,389,000원을 지불해 주도록 청구합니다.

4. 따라서 원고는 피고에 대하여 금 16,389,000원 및 이 사건 소장 부본이 송달된 그 다음날부터 다 갚는 날까지 소송촉진 등에 관한 특례법에서 정한 연 20%의 비율에 의한 이자 지급을 구하기 위하고, 동사건의 토지를 등기부등본 갑구 3항을 말소 시켜 원상 복귀하라는, 이 사건 청구를 합니다.

입 증 방 법(생략)

첨 부 서 류(생략)

2004년 6월 15일

위 원고 여선미

원고의 소송 대리인

보문광역시 성동구 양덕동 257-18

진실한(4807××-145××××)

전화 : 091-880-8657 / 0111-4190-7777

보문지방판정원 귀중

❖ 2004년 7월 10일

판정관 보조원은 청구했던 사건을 취하하고 동일 사건을 왜 재청구했느냐고 질의하며, "피고의 주소지가 한라도의 먼 거리이기 때문에 판정을 여러 번 하면 경비가 많이 지출될 것이므로, 시시비비를 가려 주시는 판정관께서 가능하면 한 번에 끝내시려고 하니, 제출할 서류가 있으면 미리 제출했으면 한다"는 전화를 받았다. 사법부에서 국민의 편의를 위해 일하는 것을 느끼며 '국민을 위한 사법부'라는 감동을 먹고 재청구하게 된 사유를 준비서면으로 제출했다.

❖ 7월 12일

판정원에 '여선미의 소송 대리인 신청'을 하였고, 아래 내용의 변론을 준비했다.

다 음

1. 원고의 남편은 한라지방판정원 공탁 보조원에게 공탁금의 국고 귀속 여부를 질문하니 2004년 12월 31일까지 공탁금을 청구하지 않으면 국고에 귀속 된다는 답변을 듣고, 한라지방판정원에 청구한 '권리행사최고에 의한 담보취소신청'의 담보취소 결정문을 받고 '공탁금을 환불 받으면 부동산처분금지 가처분 결정이 자동으로 취소되는 것으로 오인'하여 법률구조공단의 상담을 받았으나 원고 소송 대리인의 이해력 부족으로 청구했던 사건을 취하하였습니다.

2. 부동산처분금지 가처분은 권리자가 별도로 취하 안 하면 효력이 있다는 사실을 한라지방판정원 공탁보조원의 설명을 듣고 원고가 청구했던 사건의 소 취하를 취소하려고 2004년 5월 24일에 보문지방판정원 민원실에 신청하였으나, 피고가 동의하지 않을 수도 있으니 피고의 소 취하를 확인하고 청구해야 한다고 하였습니다.

2004년 6월 15일에 소 취하되어, 동일 사건의 본 소송을 청구한 것입니다.

3. 본 건의 전말은 2000년 10월 11일 오전 8시경 소외 허인영이 원고 남편에게 "한라도 한림에 싸고 좋은 땅 1,000평이 1,250만 원에 급매물로 나왔는데 남을 주기는 아깝다"고 하여 원고 남편은 "땅을 사 달라" 하였고, 원고는 "원고 명의로 해달라고 하니 원고 남편은 좋다" 하였고, 소외 허인영은 "잘됐네. 이번에 가서 상모리 땅도 등기이전 해 놓겠네" 하였습니다.

소외 허인영은 원고 남편이 보문시를 떠날 수 없다는 점을 알고 있고 또 원고의 약점을 잘 알고 있던 점을 악용하여 피고와 사전 공모하여 원고 남편 땅을 2000년 10월 12일에 금 1,200만 원을 받고 원고에게 동번지의 땅을 이중으로 매도했습니다.

원고는 이 사실을 모르고 있다가 소외 허인영의 말을 2004년 4월 5일에 듣고 이중으로 매입한 것을 알고, 청구하게 된 것입니다.

4. 원고의 청구로 판결해 주시기를 바랍니다.

▶ 판정부에 제출한 서류는 당사자가 "'모두 알고 있는 것이다'고 판단하므로 제출 전에 충분한 검토가 필요하다(소송비용의 이중 지출 문제 등).

판정원에서 보정명령서와 피고의 '이행권고결정에 대한 이의신청서'를 송달 받고 보정서와 준비서면을 제출했다.

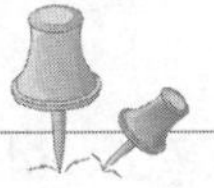

보문지방판정원

보정명령

사건 2004가소 5210917 부당이득금

원고 여선미
피고 고의성

원고는 이 명령이 송달된 날로부터 7일 안에 흠결 사항을 보정하시기 바랍니다.

흠 결 사 항

정확한 소가 산정을 위하여 대상 토지에 대한 개별공시지가 확인원을 제출하시기 바랍니다.

2004. 7. 6.

판정관 공평한

보 정 서

사건 2004 가소 5210917 부당이득금

원고 여선미

피고 고의성

귀원 보정 명령의 흠결 사항을 아래와 같이 첨부하여 보정합니다.

첨 부 서 류

1. 한라도 북한라군 대정읍 상모리 2,882번지의 개별공시지가 확인원 1부

2004년 7월 10일

위 원고 여선미

위 원고의 소송 대리인 진실한

보문지방판정원 귀중

이행권고 결정에 대한

이의신청서

사건 2004가소 5210917 부당이득금

원고 여선미

피고 고의성

위 사건의 이행권고 결정을 피고는 이의 신청합니다.

— 아 래 —

1. 원고 청구는 기각하고, 소송비용은 원고의 부담으로 한다는 판결을 구합니다.

2. 청구원인에 대하여 피고는 원고의 주장은 모르는 일입니다. 피고는 원고가 모르는 사람이고, 피고는 원고에게 땅을 판 사실이 없습니다. 피고는 한라도 북한라군 대정읍 상모리 2882번지를 원고에게 소유권 이전등기를 해준 일은 있습니다.

가. 1992년 6월 초순경 피고와 같은 동네에 사는 소외 석재수가 피고에게 이 사건 토지를 1평당 2,500원씩 팔라고 하여, 매매계약금 90만 원을 받았으나 계약서 작성 없이 했습니다.
석재수는 피고에게 잔금을 주면서 토지에 대한 소유권 이전등기는 자신이 지명하는 자에게 해 달라 했습니다.

나. 2000년 10월에 석재수는 피고에게 소유권 이전등기를 하는데 필요한 서류를 달라 하여, 원고를 이 사건 관련 토지의 매수인으로 기재한 부동산매매용 인감증명서 등을 주면서 부동산매매계약서에 날인하여 주었던 것입니다.

3. 피고는 석재수에게 이 사건 토지를 매도하였으나 그의 요구에 따라 원고의 명의로 소유권을 이전하여 준 것 뿐입니다.

4. 결론은 원고 측의 매입 과정에서 분쟁이 발생하였고, 해결 되지 않으니 원고는 원 매도인인 피고를 상대로 소송을 하여 해결하려고 한 것입니다.

원고는 부당이득금반환청구를 할 정당한 원인이 없음을 알면서도 분쟁을 해결하기 위하여 소를 청구한 것입니다. 이에 대한 증거는 원고가 동일한 소송을 제기했다가 취하하고 다시 청구했습니다.

2004년 7월 25일

위 피고 고의성

보문지방판정원 귀중

❖ 8월 12일

귀원 위 사건에 관하여 원고는 피고의 이행권고결정에 대한 이의신청서에 대한 변론을 준비합니다.

다 음

1. 피고는 원고의 주장 사실을 전부 부인하고 원고 및 원고의 소송 대리인과는 전혀 모르는 사람이라고 주장하나,

㉮ 원고는 소외 허인영과 함께 2000년 10월 12일 오전 피고의 집을 처음 방문한 사실이 있습니다.

㉯ 원고 부부는 2004년 1월 16일에 피고의 집을 방문 후 "허인영과는 고향 친구이고 선생님이 매도한 상모리 밭주인입니다"라고 인사하니 피고는, "그러세요. 저는 허인영과는 친하게 지냅니다. '한라도 특산품'도 보내주고 서로 왕래도 합니다"고 했습니다.
택시에 피고와 동승하여 피고의 안내로 동사건의 토지 위치를 처음으로 확인 후에 피고에게 하룻밤 머물게 해달라고 부탁하였으나 피고는 거절한 사실이 있는데, 지금에 와서는 "원고와는 전혀 모르는 사이"라고 주장하는 이유는 무엇인가요.

2. 원고는 피고의 집을 한 번 방문하였으나 기억하지 못했습니다만, 피고의 집을 쉽게 찾은 것은 택시운전자가 피고의 친척(8촌)이기 때문입니다.

● 택시운전자

주소 : 한라도 북한라군 대정읍 상모리 257-17

성명 : 최정우

전화 : 0222-9000-6789

원고 부부가 소외 최정우를 알게 된 이유는 원고가 피고에게 "하룻밤 재워 달라"고 했으나, 거절당하여 택시운전자의 안내로 숙소를 정하려고 여관으로 가는 도중, 택시운전자의 말이 "고의성 씨는 집안 아저씨이지만 자기가 생각해도 너무하다. 남의 땅을 10년 이상 농사지어 먹고 땅 주인이 와서 하룻밤 재워 달라고 하는데 어떻게 거절하는지 이해가 안 된다" 하여 알게 된 것입니다.

3. 피고는 원고를 모른다 하고, 보문지방관정원 민사 합의 3부에서 진행되고 있는 소외 사건의 허인영은 원고 여선미와 함께 피고를 피고의 집에서 만났다고 하며, 그 뒤로는 접촉한 사실이 없다고 주장하는데, 피고는 무슨 근거로 보문시에서 일어나고 있는 일을 알고 있습니까.

동사건은 분쟁이 있을 것이라고 하는 불법적인 요소가 처음부터 있다고 피고는 생각하고 불안했지만, 소외 허인영의 설명으로 원고 여선미의 병력을 알고 나서는 탐욕을 내어 소외 허인영의 사주에 의해 공모하여 피고는 동사건의 토지를 이중으로 매도한 것입니다.

4. 원고는 피고가 이의 신청한 내용의 반박으로 원고가 이미 제출한 입증자료로 대신합니다.

5. 원고는 피고를 만나고 익일 귀향한 항공편의 탑승확인서를 제출합니다.

협조 의뢰서

안녕하십니까.

저는 2004년 5월 21일에 귀 공단과 공탁금과 가처분에 대한 문제로 소 취하의 법률 상담을 했습니다.

본인이 상담한 일자, 상담 내용의 확인서를 발급해 주시길 바랍니다.

첨 부 서 류

1. 등기권리증 사본　　1통

2004년 8월 21일

위 원고인　보문광역시 성동구 양덕동 257-18(우편번호 123-456)

전화 : 091-880-8657 / 0111-4190-7777

진실한

법률구조공단 보문지부 귀중

▶ 법률구조공단은 확인서를 발급하지 않는다고 하며 컴퓨터에 입력되어 있는 내용을 출력하여 인쇄만 해주었다.

준비서면(피고 고의성 제출)

1. 원고의 변경된 청구취지에 대한 답변을 피고는 기각을 구합니다.

2. 원고의 변경된 청구원인에 대한 답변을 피고는 전부 부인합니다.

3. 원고의 준비서면(2004년 8월 1일자)에 대한 답변

피고는 허인영을 본 적도 없는 사람으로 피고가 전혀 모르는 사람과 공모하였다는 원고의 주장은 근거도 없는 원고의 억지이고 피고는 동사건의 토지를 소외 석재수에게 매도한 사실은 있습니다.

4. 피고의 변론

가. 2000년 10월 12일경 위 석재수와 성명불상 남자 1명과 여자1명이 피고를 찾아와서 이 사건 토지를 등기이전 할 것이니 서류를 준비해 달라 하여 석재수에게 매입하였다는 소외 진실한의 부인이므로 이 사건 토지를 원고에게 소유권이전등기를 해준 것입니다. 피고는 원고에게 등기이전 과정에서 매매대금이나 기타 어떠한 명목으로 돈을 받은 사실이 없습니다.

나. 피고는 이 사건에 원고 측과는 직·간접적으로 어떠한 거래도 한 사실이 없습니다.

5. 피고의 요구 사항

가. 원고는 토지를 구입하기 전에 변경된 사실의 토지 구입에 대한 건을 남편과 상의했는지 밝힐 것.

나. 원고는 본 사건 관련 토지에 대한 부동산등기부등본을 발급 받은 사실이 없었는지 밝히고, 부동산등기부등본을 발급 받은 사실이 있다면 그 당시에 이 문제를 제기하지 않은 이유를 밝힐 것.

다. 원고는 피고에게 이 사건 토지에 대한 매매대금을 지급하였다고 주장하는데 입증 자료를 제출할 것.

준비서면

위 사건에 관하여 피고가 귀원에 2004년 8월 20일자로 제출한 준비서면을 2004년 8월 26일에 받고 원고는 아래와 같이 변론을 준비합니다.

— 아 래 —

1. 피고의 기각 요구를 원고는 기각해 주시길 구합니다.

2. 가, 나. 공부상에 기록되어 있고(원고가 제출한 입증방법 검토하세요),

3. 피고는 원고와 소외 허인영을 모른다고 주장하는데, 원고가 한라도에 도착한 2000년 10월 12일 이전에, 동년월 8일에 피고의 주소지에 이미 원고가 전입되었는데 그 까닭은 아시는지요.

4. 가. 공부상에 기록되어 있고(원고가 제출한 입증방법 검토하세요),

나. 보문지방판정원 04가합 72936호 손해배상(기) 사건의 피고 허인영의 답변서에 기술되었으니 참고하시도록 사본(빨간색으로 표시한 내용)을 제출합니다. 원고가 제출한 결정문 사본을 검토하세요.

5. 빠른 판정의 진행을 위하여 판정원의 석명 명령이 없어도 피고의 의문점을 원고는 답변해 드리겠습니다.

가. 공부상에 기록되어 있고(원고가 제출한 입증방법 검토하세요),

나. 입증방법 10. 의무기록사본(중앙큰대학병원장 발행)을 참고하시고 원고의 상처를 건들지 마시기 바랍니다.
원고는 소외 허인영이 한림이라 하여 한림으로 알았고, 비행기 시간이 없다고 재촉하여 한림 땅은 구경도 못했을 뿐더러 피고의 집에서 도로로 5분 거리도 안 되는 위치의 남편이 매입해 놓은 땅도 보여주지 않았습니다.
남편에게 한림 땅을 매입했다고 했습니다.

다. 부동산등기권리증을 확인하고 소외 허인영에게 항의했고 등기부등본도 발급받았습니다만 속임수(피고와 공모했다는 판단)였지만 피고가 부동산매매계약서에 날인하였으므로 원고의 남편은 시간이 나면 해결하려고 미루었습니다. 참고로 원고 남편은 1993년도 판정원에 맡긴 공탁금도 2004년에 환불 받았습니다. 환불 받은 40만 원(이자 약 6만 원 정도)은 현재는 소액으로 생각되겠지만 10여 년 전엔 지금보다는 거금이었습니다.
원고 측은 바쁜 생활 때문에 방치했고 매입한 토지의 확인도 2004년 1월 16일에 처음 한 것입니다.
지금은 원고 남편이 현직에서 물러나 여유가 있지만 현직에 있을 때는 시간이 너무 없었습니다. 단도직입으로 말씀드리면 원고 남편은 일 때문에 평생을 짧고 부족한 시간의 수면을 취할 수밖에 없었습니다.
원고 측은 소외 허인영에게 모든 것을 일임하여 제반 서류의 열람과 매매 당시 토지 가격의 비교 확인은 물론 앞으로 토지에 대한 전망 등을 하지 않았고 토지를 매입하기 전에 원고 측에게 연락하라 하였습니다만, 소외 허인영은 임의로 결정하였고 결과는 오늘과 같은 참담한 상태입니다.
법무도우미는 위촉인의 내용을 기록하여 10년간 보존하게 법으로 정해져 있으니 송민형 법무도우미에게 문의하세요.

● 원고는 피고에게 다음 사항을 소명 및 질문을 합니다.

A. 원고가 처음 제기한 소를 취하하고 재소송을 하게 된 이유의 증거를 제출합니다.

B. 원고의 소송 대리인이 대필하여 2004년 1월 22일에 피고에게 발송한 내용증명을 수취 거절한 이유를 설명해 주세요.

C. 소외 허인영의 소외 사건 답변서에 의하면 피고의 집에 찾아가 피고를 만나 원고의 농민 자격을 취득하기 위하여 피고의 주소에 원고의 주민등록지를 옮긴 사실이 있는데 지금도 원고를 모르는 사람이라고 주장합니까?
피고는 농지위원장에게 어떤 방법으로 원고의 농민 자격을 취득해 주었나요. 피고는 모르는 사실인가요.
소외 허인영의 주장에 의하면 피고는 아닐지 모르더라도, 농지위원장에게 "돈을 주라" 했다는데 얼마를 주었는지 알 수 있나요.

D. 피고는 왜?

1. 1993년 6월 2일에는 동사건의 땅을 1,500만 원에 팔았고,
2. 2000년 10월 12일에는 1,200만 원에 팔았고,

3. 2004년 1월 16일에는 평당 500원에 허인영에게 팔았다고 원고에게 말했는지,
4. 2004년 5월 3일에는 평당 3,600원에 동네 사람에게 팔았고,
5. 2004년 5월 11일에는 580만 원에 팔았다 하고,
6. 2004년 7월 28일에는 동네 사람에게 팔았다고 말한 일은 없고 동네 사람 '석재수'의 소개를 받았을 뿐이라 하고,
7. 2004년 8월 16일에 제출한 '이행권고결정에 대한 이의 신청서'에는 석재수에게 1평당 2,500원으로 계산하여 매도했다고 번복하며 일곱 차례나 말을 바꾸나요.

E. 피고는 원고 측의 분쟁이 보문시에서 있다는 것을 어떻게 예측했습니까.

F. 피고는 2004년 8월 26일 오후에 원고의 소송 대리인에게 전화로 본 건에 대하여 질의한 것과 같이 궁금한 점이 있으면 밤 9시 이전에 전화하시면 성실히 답변해 드리겠습니다.

입 증 방 법(첨부 서류)

갑증 제14호. 원고의 소송 대리인이 소 취하 문제를 상담한
 가. 법률구조공단의 상담 기록부(면접) 1부
 나. 협조 의뢰서 1부
갑증 제15호. 반송된 내용증명의 겉봉투 복사본 1부
갑증 제16호. 소외 허인영의 답변서 1부

❖ 11월 7일

준비서면을 제출했다.

준비서면

1. 피고 고의성이 제출한 '이행권고결정에대한 이의신청서'와 '준비서면'에서 피고가 주장하는,

· 피고는 석재수에게 땅을 매도했고,

· 석재수가 본 건의 토지를 진실한에게 매도하고,

· 석재수가 진실한에게 부동산처분금지 가처분을 해주고,

· 석재수가 등기이전 해주었다는 사실을

원고는 확인하기 위해 원고의 소송 대리인이 소외 석재수와 전화 통화했으나 대답은 "모르는 일이다"고 하며 피고 고의성의 주장을 오히려 반문합니다.

2. 피고는 '허위 이의신청'과 '허위 준비서면'을 제출하였으므로 원고의 청구로 판결해 주시기를 바랍니다.

준비서면

사건 2004가단 352068호 부당 이득금

원고 여선미
피고 고의성

위 사건 당사자 간에 관하여 원고는 다음과 같이 준비서면을 제출합니다.

— 다 음 —

1. 피고는 원고 여선미와 원고의 소송 대리인 진실한을 본 사건에 대하여 사기 피의사건으로 고소하였으나 처분결과 혐의 없음(증거 불충분)으로 2004년 11월 9일자로 통지 받고 사건은 종결되었습니다.

2. 원고의 소송 대리인 진실한은 피고를 '소송 사기 혐의'로 고소하였고 2005년 2월 5일에 한라치안담당서로부터 사건의 진행사항을 한라지방포도청으로 송치했다는 통지를 받고, 수사는 진행 중입니다.

첨 부 서 류

1. 고소장 사본 1부
2. 피의사건 처분결과 통지서(원고 여선미. 대리인 진실한) 각 1부
3. 사건처리 진행사항 통지 1부

2005년 2월 17일
위 원고 여선미
위 원고의 소송 대리인 진실한

보문지방판정원 귀중

❖ 2005년 3월 10일

피고는 판정원의 준비명령을 충족시키지 못한 상태로 답변서를 제출했지만 경건한 마음으로 조용히 기다린다.

피고가 판정원에서 명령한 증거를 제출 못했다 하여 가볍게 보지 않고 심혈을 기울여 준비서면을 작성했다.

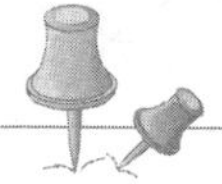

준비서면

사건 2004가단 352068 부당이득금

원고 여선미
피고 고의성

원고(원고의 소송 대리인도 원고라 칭함)는 피고의 준비명령에 대한 답변서를 받고 다음과 같이 준비서면을 제출합니다.

원고는 귀원의 준비명령 중에서

- 나 항. 진실한이 이전등기를 않은 이유,
- 다 항. 진실한이 이전등기 않고 방치했다는 의문에 대하여 보충 증거 자료를 추가 제출하여 보완합니다.

— 다 음 —

1. 본 사건에서 소외 허인영은 원고 측의 모든 일을 대행하여 주었기에 비중을 두고 말씀 올립니다.

이 판정원 사건 04가합 72936호에 제출한 허인영의 답변서는 본 사건의 피고의 집에 원고(여선미)와 함께 2000년에 원고의 주소를 옮겨 등기를 하기 위해 피고의 전화번호를 어렵게 알아내어 집을 찾아갔다고 허위를 주장하고 있습니다. 그렇지만 피고는 주장했던 피고의 집으로 석재수와 남자 1명, 여자 1명이 왔다는 주장을 남자 1명이 허인영이었다고 주장하겠지만, 피고가 주장하는 본 사건의 토지에 대한 등기이전 절차 전에도 법률적인 모든 처리는 석재수가 했다면 누군가가 지속적으로 원고 측에 연결이 되는 사람이 있어야 하는데 그 사람이 허인영이라고 가정하면 그는 석재수에게 연락하여 전화번호를 어렵게 아는 고생이 없는 모순이 있습니다.

피고의 주장대로 석재수가 모든 일을 했고, 원고와 연락할 수 있는 사람이 허인영이 아니라면 석재수는 어떻게 원고와 연락을 했습니까(첨부 서류 1번 : 소외 사건 허인영의 답변서).

2. 허인영이 한라에 가는 도중 공탁금을 대신 납부하였다 하여 원고(진실한)는 2000년 10월 12일 09시 37분에 '황금은행 한라지점 김수민'에게 80만 원을 송금하였는데, 등기권리증의 본 사건 이중매매 일자와 동일합니다.

허인영의 지금 주장은 등기비용으로 송금한 것이라고 허위 주장하면서, "등기비용이 80만 원이 다 들지는 않지만 한라도인 관계로 이장, 농지위원장 등을 찾아가 농지원부를 만들어서 등기까지 하여 보내줄 것을 부탁하며 등기비용은 금 206,000원이나 나머지는 여비, 기타비용으로 사용하라고 하였습니다"고 애매모호한 주장을 하며(나머지 금액의 전달 방법에 명확한 구분 없음), 원고가 제출한 소외 사건의 입증자료를 이용한 조작을 하고 있습니다.

등기이전에 어떤 인물이 관여했는가는 입금증에 있는 은행계좌의 김수민을 참고하면 밝혀질 수 있는데, 김수민의 연락처를 소외 사건의 원고(진실한)가 준비서면으로 허인영에게 요구했으나 밝히지 않고 있습니다.

김수민은 지금도 동일 은행, 동일 계좌를 사용하고 있습니다.

3. 이 판정원 소외 사건에서 피고(허인영)가 '본 사건의 토지를 공구호에게 매입했다'는 것은 허위이고 공구호는 가공인물입니다. 원고는 태민치안담당서에 2004년 11월 16일에 허인영을 '소송사기죄' 혐의로 고소하였으나 피고소인(허인영)의 소재 파악이 되지 않아 수사가 지연 되었는데, 원고가 치안담당서 조사관에게 허인영의 소재를 알려 주어 이제 수사가 시작되었습니다.

* '공구호는 가공인물'이라는 사실을 원고가 알게 된 것은, 허인영이 원고에게 1993년 6월 3일에 "땅 사고 남은 금액을 돌려주겠다" 했고, 원고(진실한)는 11년 동안이나 돈을 돌려 달라고 했는데 허인영의 허위 주장을 받아 준다면, 공구호를 만나고 있었음에도 공구호를 원고와 대질 확인을 시켜 주지 않았고, 답변서에서 공구호에게 매입했다는 허위 사실을 주장하여 알게 되었습니다.

2004년 8월 9일 허인영이 고소한 '업무방해, 협박, 명예훼손' 사건에서 원고(진실한)가 피의자 신분으로 보문지방포도청에서 대질 심문 받을 때, 수사관이 고소인 허인영에게 "공구호를 앞세우면 해결 되는데 왜 찾지 않느냐" 질문하니, 고소인 허인영은 "몇 년 전 까지는 왕래가 있었는데 지금은 만날 수 없다"고 답변하여 '가공인물'이라는 것을 알게 되었습니다.

4. ① 소외 허인영 주장 : 공구호가 실존 인물이면 피고부터 추적하면 쉽고, 피고가 주장하는 석재수부터 시작하여도 됩니다(첨부한 허인영 답변서의 1번항 논리).
추적하여 문제가 있다면 제적증명을 제시하면 간단합니다.
피고와 허인영은 본 사건의 시작에 불순한 의도가 있었음을 스스로 증명해 주고 있는 것입니다.
피고는 원고(진실한)가 석재수에게 본 사건의 토지를 매입하여 원고(진실한)에게 팔고 석재수가 법률적인 조치를 해주었다고 주장하는데, 소외 허인영은 공구호에게 매입했다고 상반된 주장을 합니다.

② 피고 주장 : 피고는 모든 것을 석재수가 했다고 주장하고 있지만 원고가 피고를 소송 사기죄 혐의로 고소한 사건에서 한라치안담당서의 조사관 의견은 '석재수는 소극적' 행동을 보여 수사 내용에 결정적 역할이 없다는 의견을 한라지방포도청에서 받아들이고 피고의 처분은 법률 오해로 혐의 없음(증거 불충분)으로 처리했음을 볼 때(원고는 항고장을 제출하여 진행 중입니다), 피고는 허위를 주장한다는 반증을 제기할 수 있습니다.

5. 이 판정원 사건 2005카합 2749호에 제출한 2005년 2월 28

일에 작성된 최정우의 확인서는 피고가 직접 허인영에게 한 평당 500원에 매도하였다고 확인하고 있습니다.

1993년 6월 3일 허인영이 원고(진실한)에게 밝혔던 사실과 일치합니다(첨부 서류 3번 : 최정우의 확인서 3항).

6. 원고(진실한)가 피고의 '이행권고 결정에 대한 이의 신청서' 내용을 확인하려고 전화국에 문의하여, 석재수와 원고의 전화로 2004년 11월 17일 20시경 통화하니 석재수는 "피고의 심부름은 했지만 모르는 일이고 얼굴도 모르는 사람인 원고에게 내가(석재수) 어떻게 땅을 매도하느냐" 했고 원고(진실한)가 피고를 소송 사기죄 혐의로 한라치안담당서에 고소장을 접수시키기 전에 다시 확인하려 석재수와 동년 12월 19일 통화를 했으나, 석재수는 "당신, 나 아나요?" 하여 원고가 "모른다" 하니, 석재수는 "그러면 전화 끊어요" 하여 더 이상의 통화가 되지 않은 짧은 통화였습니다(첨부 서류 4번 : 통화 기록부) .

7. 원고는 피고의 허위 주장을 반박하는 증거자료를 귀원에 제출했다고 조심스럽게 말씀 올립니다.

피고는 여러 가지의 사실에 뻔한 거짓을 주장하면서 본 사건의 토지는 이중으로 돈을 받은 것이 없다고 억지를 부립니다.

원고가 제출한 합의안으로 판결해 주시길 바랍니다.

첨 부 서 류

1. 이 판정원 04가합 72936호 허인영의 답변서 1부
2. 입금증 (2000년, 2005년) 2부

3. 최정우의 확인서 1부

4. 원고 전화와 석재수 전화의 통화 기록부 1부

※ 진실한의 등기 미필 이유의 보충 자료

*제주지방판정원 판결문(소유권 이전등기) 1부

*제주지방판정원 결정문(부동산처분금지가처분) 1부

*원고(진실한)의 주민등록초본 1부

2005년 3월 10일

위 원고 여선미

위 원고의 소송 대리인 진실한

보문지방판정원 귀중

▶ **결정적 증거**는 감추고 있다가 상대편이 주장할 때 사용하십시오.
미리 밝히면 **상대편이 역이용**합니다.

예 : ① 원고의 황금은행 입금증 제시

② 여선미의 위장 주민등록 전입 일자 제시

■ 증인으로 채택할 예정의 인물에게 질문할 내용을 결정하고 답변을 예상해 보며, 심문할 때 피고는 진실한의 진가를 알게 될 것이다.

형사 콜롬보처럼 맹하게 보이는 질문을 하겠다.

(※ 피고가 판정부 명령의 증거자료 불제출로 증인 심문을 신청하지는 않았다. '증인신청서'는 신청하는 증인에 따라 기재 사항이 다릅니다.)

증인 신청서

1. 사건번호 2004가단 352068 부당이득금
[담당재판부 제5민사부(가)]

원고 여선미
피고 고의성

2. 증인의 표시
증 인 : 허인영
주민등록번호 : 4811××-140×××
주 소 : 보문광역시 금정구 정선동 275-21
직 업 : 식당업
연 락 처 : 0166-9000-3240

3. 증인이 이 사건을 관여하거나 그 내용을 알게 된 경위

증인은 동사건의 토지 매입 과정의 전부를 관여했습니다.
(매입, 가처분, 등기이전)

4. 심문사항 : 별지와 같음

2006년 5월 일
신청인 원고 여선미
소송 대리인 진실한

보문지방판정원 귀중

심문 사항(허인영)

문 : 증인은 본 사건의 원고이며 동향의 여선미가 저열염으로 병원에서 치료한 것을 알고 있었나요.

답 :

문 : 증인은 2000년 10월 12일에 원고 여선미의 주민등록을 한라도 북한라군 대정읍 상모리 444번지로 전입하기 위하여 피고의 자택 전화번호를 어렵게 알아 고생 많이 했다고 소외 사건의 답변서에서 주장했지요.

답 :

문 : 몇 사람이 갔으며 어떤 사람이었습니까.

답 :

문 : 증인은 한라도에 원고(여선미)와 함께 가는 도중 보문시에 있던 원고의 소송 대리인 진실한에게 80만 원을 황금은행 한라지점 김수민 구좌로 송금하라 하여 입금 시켰는데 기억하나요.

답 :

문 : 증인은 김수민과 어떤 관계인가요.

답 :

문 : 송금한 80만 원을 김수민은 무슨 용도로 사용했는지 알고 있습니까.

답 :

문 : 원고의 인장을 증인이 한라도에 맡기고 당일 귀향했지요.

답 :

문 : 원고는 한라도에 맡겼던 인장과 등기권리증을 증인의 처가 사업자 명의로 되어 있는 식당에서 받았는데 기억하십니까.

답 :

문 : 피고는 소외 석재수가 원고에게 등기이전 해주었다고 주장하는 것은 사실을 말한다고 생각합니까.

답 :

문 : 증언해 주셔서 감사합니다.

심문 사항(석재수)

문 : 멀리서 오시느라 감사드립니다. 간단하게 질문 올리겠습니다.

답 :

문 : 제가 진실한입니다. 저를 만난 일이 있습니까.

답 :

문 : 제가 전화로 "진실한에게 땅을 팔았느냐고 질문하니 얼굴도 모르는 사람에게 어떻게 땅을 파느냐"고 하셨던 말을 기억하시나요.

답 :

문 : 고의성 땅의 부동산처분금지가처분 신청이 있다고 판정원에서 고의성에게 연락했을 때 고의성은 증인에게 묻고 증인은 '나에게 땅을 매입한 최종 매수자는 진실한이니 그냥 놔 두어라'고 말했습니까.

'아니다'라고 대답하시면 고의성이 거짓말 하는 것이 됩니다. 편안하시게 기억에 없으면 그냥 잘 모르겠다고 하셔도 되고 '그렇다, 아니다'로 대답하시면 됩니다.

답 :

문 : 등기이전 할 때 들어간 돈은 누가 냈나요.

답 :

문 : 보문시에 사는 허인영을 알고 계신가요.

답 :

문 : 감사드리며 집에 가실 때 안녕히 가시기 바랍니다.

❖ 3월 20일

피고 고의성 사건의 변론기일이다.

피고는 뻔한 증거가 있음에도 판정관의 확인 절차에 부인하여 판정관은 피고에게 어이없다는 모습을 보이는 것 같은 판정장 모습이다.

판정관은 다음번에 결심하겠다고 하며 원고, 피고의 편리를 위해 판정일에 출석하지 않아도 좋다고 했다.

피고가 한라도에 거주하는 걸 배려하는 국민을 위한 사법부의 배려다.

❖ 4월 15일

피고 고의성 사건은 여러 분이 판결해 보세요.

(정답자 혜택 : 한국 최초의 우주비행사 신청 권유)

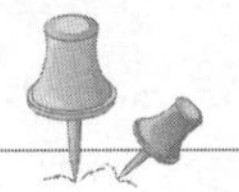

소 장

원고 안조은(5910××-143××××)
보문광역시 창원구 장수동 432-26
0166-0309-5247

피고 진실한(4807××-145××××)
보문광역시 성동구 양덕동 257-18
전화 : 091-880-8657 / 0111-4190-7777

채무부존재 확인의 소

청 구 취 지

1. 원고의 피고에 대한 2005년 9월 16일자로 부덕공증인 합동사무소 증서 2005년 제839417호로 작성된 '채무금 변제 계약 공정증서'에 의한 금 1억 원 채무는 존재하지 않음을 인정한다.

2. 소송비용은 피고의 부담으로 한다.
라는 판결을 구합니다.

청 구 원 인

1. 원고는 피고와 소외 민동선이 공동으로 경영하던 보문 광역시 창원구 장수동 432-26 '사철 건강식품원'을 인수하기로 약정을 하였고 당시 임대차 보증금 잔금 4,000만 원, 권리금 4,000만 원으로 약정을 하여 권리 양도계약을 체결하고 피고에게 금 1억 원의 채무금을 지급하기로 하고 2005년 9월 16일 부덕공증인합동사무소에서 공정증서를 작성하였습니다.

2. 영업장을 인수할 때 소외 민동선은 원고와 동업하기로 하였고 소외 민동선이 권리금을 지급하기로 하였으며 권리금을 소외 민동선이 지급을 한다는 약정서까지 작성하여 피고에게 교부하였습니다.

3. 원고는 위 영업장을 인수할 때 피고가 건물주에게 지불한 건물 임대료 2,000만 원을 피고에게 인수한 후, 피고의 밀린 월세를 2005년 9월 16일자에 400만 원을 지급을 하였고 동년 11월 5일에는 피고의 동업자 소외 원무일에게 2,550만 원을 지불하여 채무는 1,000만 원뿐입니다.

4. 피고는 영업장을 양도할 때 피고가 시설하지 않은 것을 피고가 시설했다고 주장하여 권리금을 계산했고, 건강식품 외상도 1,000만 원이 있었기에 원고가 이를 지급해야 영업할 수 있어 사실상 채무는 없는 것입니다.

피고가 지불하지 않은 공과금을 원고가 납부하였기 때문에 원고는 오히려 피고에게 받을 돈이 있습니다.

5. 피고는 원고에게 받을 돈이 없으면서 경매 신청한 것은 정당하지 않으니 원고의 청구취지로 판결을 구합니다.

입 증 방 법

1. 공정증서 1부
2. 영수증 1부
3. 부동 산등기부등본 1부
4. 고소장 1부

첨 부 서 류

1. 위 입증 방법 각1부
2. 소장 부본 1부
3. 납부서 1부

2005년 12월 2일
위 원고 안조은

무등지방판정원 귀중

답 변 서

사건　2005가단 538247　채무부존재

원고　안조은
피고　진실한

귀원 위 사건에 관하여 피고는 다음과 같이 소장의 각항 순서로 답변서를 제출합니다.

청구취지에 대한 답변

1. 피고는 원고가 주장하는 1억 원의 채무부존재는 그동안의 경과 과정에서 원고가 변제한 2,950만 원 건물 전세보증금 2,000만 원이 있으므로 원고의 일부 주장을 인정은 하되, 미 변제액 5,050만 원과 경매신청사건과 기타 도우미 선임비 등에서 발생한 비용이 있어 공정증서에 의한 채무는 존재하므로 원고의 청구를 기각한다.

2. 소송비용은 원고의 부담으로 한다.
라는 판결을 구합니다.

청구원인에 대한 답변

1. 원고의 1번 주장에서 보증금 및 권리금 등의 자세한 내용을 별도로 문서로 약정한 것이 없고 본 사건의 가게매매 금액을 계약 당시의 상태에서 1억 원으로 결정하여 피고는 가게의 모든 권리와 의무를 원고와 원고의 동업자 소외 민동선에게 넘겨주고 공

정증서를 작성했습니다.

2. 원고의 2번 주장 내용 중에서 소외 민동선이 피고에게 권리금을 지급하기로 약정했다는 것은 허위이고 가게매매 금액의 일부는 원고와 원고의 동업자 소외 민동선이 연대 책임을 진다는 내용의 각서를 피고는 받았습니다(제1호증).

3. 원고가 3,000만 원을 지급했다는 주장을 피고는 부인하고 2,950만 원의 원고 지급을 인정합니다.

① 원고와 피고의 가게매매는 2005년 9월 16일에 원고가 400만 원을 건물주에게 피고의 밀린 월세를 대신 입금시키는 방법으로 계약이 이루어 졌으며,

② 이후 원고가 가게를 계속 운영하였으며 2005년 11월 5일에는, 동년 11월 2일까지 원고가 피고에게 변제하기로 한 일부 금액인 4,000만 원의 약속을 원고가 이행하지 않은 대금의 일부로 우선 2,550만 원을 받았습니다.

4. 원고와 피고가 합의하여 본 사건의 가게매매 자금을 1억 원으로 결정했고, 매매 당시 원고의 자금 능력이 부족하여 공정증서를 작성한 것입니다.

원고가 주장하는 외상값 1,000만 원은 피고는 관계없습니다.

5. 피고는 2005년 9월 2일에 폐업과 동시에 제세공과금이 미납된 것이 없습니다. 만약 원고의 주장대로 미납된 공과금이 있다면 이는 주무부서에서 피고가 폐업한 이후에 발행한 납부서이겠지만 피고의 위 1번 답변 내용대로 피고의 책임은 없습니다.

6. 원고는 채무를 갚지 않을 목적으로 채무부존재의 허위 사실을 열거하고 있으나 입증 자료를 제출하오니 피고의 청구취지에 대한 답변 내용대로 판결해 주시기 바랍니다.

입 증 자 료(첨부 서류)

을 제1호증. 지불 각서 1부
을 제2호증. 지불 이행 각서 1부

2006년 1월 18일
위 피고 진실한

보문지방판정원 귀중

※ 원고는 경매 물건이 있는 무등지방판정원 영도지원에 소장을 제출했으나 판정부의 판단으로 사건을 보문지방판정원(원고, 피고의 주소지)에 이송함.

준비서면

사건　2005가단 538247　채무부존재

원고　안조은
피고　진실한

원고는 위 사건에 다음과 같이 변론을 준비합니다.

— 다 음 —

1. 피고의 답변은 허위 사실로 원고는 이를 인정할 수 없습니다.

2. 피고는 3,000만 원에 가까운 2,950만 원을 받았다고 시인하고 건물 전세보증금 2,000만 원을 원고에게 인계 했다고 합니다.

그러나 위 2,950만 원의 일부를 경매신청과 도우미 선임비로 지불했기 때문에 공정증서에 약정한 전액을 변제 받아야 한다고 주장합니다만 이는 부당합니다.

경매 비용은 판정원에서 받는 금액이고, 소송비용은 '소송비용 확정 신청' 후에 청구하면 되는 것입니다.

3. 원고와 피고는 가게의 권리금으로 4,000만 원을 결정하였습니다. 권리금은 영업권과 시설비를 통합하여 쌍방의 합의로 이루어집니다.

그러나 피고가 시설하였다는 것은 허위 사실이었고 건물주 소외 이영희가 설치한 시설이었지 피고가 설치한 것은 거의 없습니다.

제출하는 목록의 내용대로 피고가 설치한 것은 기껏해야 비디오, 시계, 소파, 가스렌지, 인체의 그림, 전화기 등으로 권리금과는 먼 가격으로 납득할 수 없는 것입니다.

피고는 건물주가 시설해 놓은 것을 피고가 했다고 거짓으로 꾸며대어 원고에게 권리금 4,000만 원을 받은 것입니다.

원고는 피고의 사기 행각을 태민치안담당서에 피고 외 2인을 고소하였고 '형사기록문서 송부 촉탁 신청'은 결과가 나오면 하겠습니다.

4. 본 사건 권리금은 피고가 건물주에게 지불해야 되는 것입니다.

가게의 시설은 건물주가 했고 피고와 건물주가 가게 임대차 계약 당시 권리금 4,000만 원을 피고가 건물주에게 지불하기로 계약 되었고 권리금 지불을 이행하지 않으면 임대차 보증금을 포기하고 가게를 비워 주기로 공증한 것입니다.

피고는 건물주에게 권리금을 지불하지 않아 본 건의 권리 양도 계약을 했어도 원고가 입주하여 가게를 운영할 수 없는 상태이기 때문에 피고에게 권리금을 지불할 이유가 없습니다.

원고가 권리금을 피고에게 지불하면 또 사취당하는 것입니다.

피고는 소외 민동선과 음모하여 가게매매를 빙자하여 원고에게 사기 친 것입니다.

5. 본 사건은 가게 권리 양도 계약으로 시작된 것입니다.

원고가 계약을 체결하였고 공정증서를 작성했으나 계약 조건이 틀리면 해지할 수 있는 것입니다. 피고는 원고가 계약 조건이 틀리다고 계약 해지를 요구했는데도 불구하고 경매 신청한 것은 부당합니다.

6. 원고의 주장에 합당한 판결을 구합니다.

첨 부 서 류

갑 제1호증. 시설 목록 1부

갑 제2호증. 전세 계약 공정증서 1부

2006년 1월 28일

위 원고 안조은

보문지방판정원 귀중

답 변 서

사건 2005가단 538247 채무부존재의 소

원고 안조은
피고 진실한

위 사건에 관하여 피고는 다음과 같이 원고가 2006년 1월 28일에 귀원에 제출한 준비서면에 대한 피고의 답변서를 제출합니다.

— 다 음 —

1. 피고가 2006년 4월 1일에 제출한 답변서 내용 중에서 '공정증서에 의한 채무는 존재한다'를 '원고가 미변제한 5,050만 원의 채무는 존재한다'로 수정합니다.

피고는 경매 완료 후 최종적으로 채권계산서를 제출할 때 5,050만 원으로 제출하겠습니다.

2. 피고는 원고에게서 일부 변제 받은 2,950만 원의 내역은 이미 제출한 답변서에서 주장한 것과 같고, 원고의 주장처럼 '경매신청비와 도우미 선임비로 사용했다'고 한 것으로 피고는 오인 받을 수 있다는 점을 인정합니다.

피고는 원고에게 우선 경매 절차를 밟아 5,050만 원을 청구하고 소송비용(원고가 피고를 사기죄 혐의로 고소한 사건의 도우미 수임료 등)은 추후 청구하겠습니다.

3. 원고는 가게의 시설비와 권리금으로 4,000만 원을 결정했다고 허위 주장합니다.

피고는 가게의 시설을 했다고 말하지도 않았고 기존 시설 외에 피고가 필요한 집기류 등을 구입했다고 원고에게 말했을 뿐이고, 가게를 보면 누가 보아도 오랫동안 사용했던 오래된 시설이라는 것을 알 수 있지 한두 달 전에 신설한 것은 아니라는 것을 금방 알 수 있습니다.

원고는 정신적인 결함이 없습니다.

원고와 피고는 문서로 작성한 계약서 없이 구두로 매매 금액으로 1억 원을 정하여 공정증서를 작성했습니다.

피고가 경험도 없이 시작한 업무의 미숙으로 이미 폐업한(원고와 가게매매를 하기 14일 전) 가게를 원고는 수원에서 '건강식품원' 운영 등 오랜 경험으로 판단하여 피고와 합의가 이루어져 가격을 결정한 것입니다.

원고의 주장처럼 영업권은 무형의 재산이라 당사자의 합의로 가격이 결정되는 것입니다.

원고 주장의 피고 반박은 문서로 특별한 조건을 약속한 계약서 없이 이루어진 매매를, 피고가 예를 든다면 장사가 잘되거나 잘될 것 같은 어떤 영업장의 시설비나 집기류 구입비가 3천만 원 들인 가게를 일억 원에 인수하여 장사가 안 된다고 물려 달라할 수 있는 것도 아니고 장사가 잘 된다고 1억 원 외에 더 지불할 의무도 없는 것이 관례입니다.

피고는 가게매매가격 1억 원에 가게의 모든 것을 인계한 것입니다.

4. 원고는 피고를 사기혐의로 고소하여 수사 중입니다만 원고

의 동업자 민동선의 소재 불명으로 지연되고 있습니다.

더 중요한 것은 피고가 원고의 채무 불이행으로 '경매 신청' 후 알게 된 사실이지만 원고는 담보 가치도 없는 부동산을 피고에게 악용했다는 것입니다.

공정증서 작성 당시 원고는 "제공한 담보물 부동산의 채무는 금품은행(구 금전은행)에 아파트 건설 당시의 ① 기본 대출과 현재 입주해 있는 세입자의 ② 전세금 7,000만 원뿐이고 현 시가는 1억 7,000만 원 정도한다"고 피고에게 말하며 충분한 담보 가치가 있다 했는데, 경매 신청한 아파트는 부동산등기부등본에 나타나지 않은 ③ 황금보증기금에 9,000만 원의 채무와 ④ 원고가 납부하지 않은 영도시청의 세금에 대한 배당 요구가 있기 때문에 '무등지방판정원 영도지원 2005타경 7263952 부동산 강제 경매사건'이 종료되어도 피고가 배당 받을 금액이 한 푼도 없을 수 있다는 것입니다.

피고는 원고를 응징해 달라고 사법기관에 사기혐의로 고소할 생각도 해 보았습니다만 실익도 없고 쓸데없는 노력만 들여서 본 사건의 종결을 지연시킬 우려가 있다는 결론이 내려져 고소하지 않았습니다.

㉮ 원고는 피고가 건물주에게 4,000만 원을 지불해야 한다고 주장하나 이는 가게의 모든 권리와 의무를 승계한 원고의 책임입니다.
피고가 건물주에게 2006년 2월 13일에 지불하기로 약정한 공정증서에도 명시되어 있지만 이는 가게의 전세보

증금 6,000만 원 중에서 나머지 4,000만 원을 주기로 했던 것입니다. 피고는 이미 건물주에게 가게를 비워 주고 있는데 사용하지도 않는 건물의 전세보증금을 피고가 내야 한다고 하는 원고의 주장에 어이가 없습니다.

㉯ 원고는 피고가 "건물주에게 권리금을 지불하지 않아 가게의 명도 요구를 당하여 장사 못하고 문 닫은 상태"라고 허위 사실의 준비서면을 제출했으나 피고는 건물주에게 2,000만 원을 주고 장사를 시작한 지 한 달여 만에 영업부진으로 피고 스스로 폐업한 것입니다.

원고가 준비서면에서 증거자료로 첨부한 공정증서를 보면 원고의 허위 주장이 밝혀집니다.

원고가 주장하는 '건물주가 피고에게 가게 명도 요구'에 대한 증거를 제출해 주기 바랍니다.

㉰ 원고는 준비서면에서 '원고가 입주하여 가게를 운영할 수 없는 상태'라고 허위 주장하고 있으나 원고가 제출한 소장의 입증방법 '고소장'에서 밝혔듯이 원고는 입주하여 장사를 했었습니다만, 원고의 능력 부족으로 장사를 시작하기 전에 원고가 생각했던 대로 운영이 되지 않으니 후회를 하고 억지를 쓴다고 피고는 생각합니다.

5. 원고의 "계약 조건이 맞지 않으면 계약을 해지할 수 있다"는 생각에는 피고도 동의합니다만, 계약 해지는 쌍방 합의가 있거나 계약 해지의 책임을 지는 부분이 있어야 합니다.

원고는 폐업하여 먼지가 쌓여 있는 가게를 인수하고는 원고의 예측대로 운영되지 않는다고 약속된 계약을 책임 없이 파기한다는 것은 있을 수 없는 일입니다.

원고는 피고에게 '계약 조건이 맞지 않으면 계약을 해지할 수 있다'는 내용의 조건, 증거를 제시해 주기 바랍니다.

6. 원고는 증거자료도 제출하지 않으면서 허위 사실을 열거하며 채무 변제의 책임을 면하려고 하니 원고의 청구를 기각해 주시기 바랍니다.

2006년 2월 13일

위 피고 진실한

보문지방판정원 귀중

❖ 2006년 3월 17일

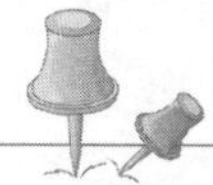

준비서면

위 사건에 관하여 원고는 아래와 같이 변론을 준비합니다.

— 아 래 —

1. 피고는 답변서에서 가게매매 금액을 1억 원으로 작성하여 공증을 하였다고 주장합니다.

본 건 가게는 피고 소유가 아닙니다. 즉 피고가 건물주로부터 임대하여 운영하는 것입니다.

이 경우 부동산매매계약을 체결할 때 원칙적으로 권리 양도 계약을 하는 것입니다. 이것이 관례이고 통례입니다.

임대차 보증금의 액수에 권리금 액수를 포함하여 매매계약을 하는 것입니다.

권리금이란 시설물과 영업권을 말하며 사업을 하는 사람은 잘 알고 있는 것입니다.

2. 피고는 본 사건 가게의 시설이 피고의 소유가 아니라고 인정하고 있습니다.

피고는 필요한 집기만을 구입을 하였다고 말했다고 주장하지만, 피고가 구입한 집기와 구입하지 아니한 집기의 목록을 구분하지 않았습니다.

그렇다면 당시 필요한 집기 즉 가게를 운영할 수 있는 집기는 모두 피고가 구입한 것이라고 판단할 수 있는 것입니다. 결국 집기도 시설물의 일부인 이상 시설을 피고가 했다고 주장한 것이나 다름없습니다.

3. 피고는 영업권이 무형의 재산이기 때문에 가격을 정할 수 없다고 주장하고 있으며 결국 1억 원으로 계약을 체결하였다고 주장하고 있습니다.

그렇다면 원고가 승계 받은 임대차 보증금이 2,000만 원이며 나머지 금 4,000만 원은 영업권이라고 하는 결론이 되는 것입니다. 이 또한 심히 부당한 주장인 것입니다.

본 사건은 피고가 영업을 하다가 영업이 부진하여 피고의 주장대로 폐업을 원고와 매매 계약이 체결되기 14일 전에 했습니다.

영업 부진으로 폐업한 가게를 시설비도 들이지 않은 상태에서 영업권으로 금 4,000만 원을 지급한다면 정상적인 사람은 누가 들어도 이해할 수 없는 것입니다.

더구나 매매 계약시는 국내 경기의 침체로 인하여 소비 심리가 줄어들어 매출 감소의 영향으로 어떠한 영업도 되지 않는 현재와 같은 상태였습니다.

매출의 감소로 폐업을 하는 업소가 많았고 이 때문에 권리금은 거의 받지 못하는 것이 현재의 건강식품 업계의 실정입니다.

이런 상태에서 시설물 설치비가 없었던 영업권이 임대차 보증금과 거의 비슷한 금 4,000만 원의 영업 권리금으로 계약을 한다고 하는 것은 정신병자가 아니면 할 수 없는 것으로 피고는 억지 주장을 하고 있는 것입니다.

시설물이 포함되지 않는 영업권만으로 금 4,000만 원을 받기로 하였다는 피고의 주장은 사회 통념상 배척 되어야 합니다.

4. 본 사건 가게는 피고가 건물주에게 금 4,000만 원을 더 지급하여야만 운영을 할 수 있습니다.

즉 건물주가 피고에게 임대할 때 시설물을 포함하여 금 6,000만 원의 전세보증금으로 계약을 하였기 때문인 것입니다.

그런데도 피고는 금 4,000만 원을 지급하지 못했기 때문에 이 사건 가게를 운영을 할 수가 없었습니다. 영업 부진이나 위와 같이 금 4,000만 원을 미지급하였기 때문에 폐업을 하였는지는 알 수가 없습니다.

피고가 건물주에게 금 4,000만 원을 지급할 의무가 없고 '원고가 책임을 져야 할 것'처럼 주장을 하고 있습니다. 그렇다면 피고는 영업을 할 수 없는 가게를 영업을 할 수 있는 것처럼 원고에게 매도하였고 사취하였다고 할 수밖에 없는 것입니다.

피고의 주장을 인정한다면 원고는 피고에게 지급한 금액과 건물주에게 지급하여야 하는 4,000만 원을 포함하여 금 1억 원을 지급하고 본 사건 가게의 권리를 양수하게 되는 것입니다.

결국 건물주는 금 4,000만 원을 미지급을 하였다고 지급을 요구하면서 건물의 명도를 요구하고 있는 것입니다.

5. 피고는 원고의 주택에 대하여 본 사건 가게의 권리 양도와 하등의 관계가 없습니다.

원고가 가게의 권리 양도를 받으면서 원고의 주택에 대하여 담보로 제공하거나 설정한 사실이 전혀 없습니다.

피고는 임의로 공정증서의 금액을 지급하지 않는다고 강제 경매 신청한 것으로, 본 사건 권리 양도와는 하등의 관계도 없는 주장입니다.

피고는 원고를 기만하여 가게의 시설을 피고가 설치한 것처럼 허위를 말하여 원고에게 권리 양도 계약을 체결하여 금품을 사취하고, 그 이행을 위하여 원고의 부동산을 강제 경매 신청한 행위는 사회 정의에 반한 파렴치한 행위라고 할 것입니다.

6. 피고가 주장하는 시설물 없는 폐업한 장소의 영업권으로 금 4,000만 원을 받기로 하였다고 하면서 피고가 건물주에게 지급하여야 하는 금 4,000만 원까지 원고의 책임이라고 하는 피고의 주장은 부당한 것으로 사회 정의 실천을 구현하기 위해서라도 마땅히 없어져야 한다는 원고의 청구취지를 조속히 판결하여 주시기 바랍니다.

첨 부 서 류

1. 건물주 이영희 확인서 1통

답 변 서

위 사건에 관하여 피고는 다음과 같이 원고가 2006년 3월 17일 귀원에 제출한 준비서면에 대한 답변서를 제출합니다.

— 다 음 —

1. 원고의 준비서면 1항 주장에 대하여

㉮ 원고는 피고가 가게의 매매 금액을 1억 원으로 결정하였지만 피고 소유가 아니라고 하는데 피고가 건물주와 합의한 가격으로 임대하여 운영했던 것이기에 임대 기간 내에는 건물주가 관여할 수 없는 피고의 재산이고 세법상으로도 엄연히 피고 명의로 된 사업자등록증이 있었습니다.

㉯ 구두 계약도 중요한 계약으로 원고와 피고는 충분한 협의 아래 이루어진 계약으로 공정증서를 작성했습니다.

㉰ 원고는 피고가 2006년 2월 13일에 제출한 답변서의 내용을 이해하지 못하는 것 같습니다.
원고가 주장했던 권리금과 영업권의 해석에 피고는 동의하였고 그에 따른 답변을 했었습니다만, 원고의 준비서면에서는 원고의 영업권에 대한 해석에 억지가 있어 반박합니다.
원고는 '임대차 보증금의 액수에 권리금 액수를 포함하여 매매 계약을 체결하는 것'이라는 주장을 하지만 권리금은 건물주가 관여하지 않습니다.
원고는 '권리금이란 시설물 포함하여 영업권을 말하는 것'이라고 주장하나 영업권은 피고 고유의 무형 재산입니다.

가게를 시설한 건물주에게 영업권이 있다는 논리는 터무니없는 것입니다.

예를 든다면 어떤 건물에 '미술학원, 식당, 컴퓨터 매장, 정육점, 출판사, 회계사무소' 등이 임대하여 입주해 있다면 건물주가 신(神)이 아닌 이상 그 많은 업종의 영업 방식을 건물주가 알 수도 없고 운영할 수도 없는 것입니다.

2. 원고의 준비서면 2항 주장에 대하여

㉮ 원고는 피고가 주장한 집기의 목록을 준비서면에서 원고 스스로 제출하였으므로 생략합니다.

㉯ 시설물이란 국어사전에 있는 내용 설명 그대로 '시설을 한 물건 또는 구조물'을 말하는 것이지 집기물을 말하는 것은 아닙니다.

집기는 시설물이 아니고 사무를 보거나 방문객을 접대할 때 쓰는 의자, 전화기 등의 도구입니다. 이미 제출한 피고 답변서의 내용을 중복하여 말씀 올려 죄송합니다만 피고는 시설을 하지 않았고 가게 운영에 필요한 집기를 구입했다고 말했을 뿐입니다.

3. 원고의 준비서면 3항 주장에 대하여

㉮ 원고는 자가당착의 주장을 하고 있습니다.

원고의 주장대로 경기 침체로 영업이 되지 않는 시기에 이미 폐업한 가게를 "정신병자가 아니면 인수할 수 없는 것"이라고 하면서 건강식품업 경험이 많은 원고는 무슨 이유로 인수했는지요.

원고는 소외 피고의 동업자 민동선이 개발하고 원고가 인수한 후 원고의 동업자가 된 소외 민동선의 특허청에 신청했던 '사철 건강식품'의 새로운 방식인 '신개발 제품'에 기대를 걸고 수원시의 생활을 정리하면서까지 인수했다고 피고는 생각합니다.

지금은 많은 사람들이 애용하는 필기도구로 '볼펜*'을 사용하여 필수품이 되었고, '라면**'이 대용식이나 출출할 때 많은 이들이 선호하는 생활 기호식품이 되었지만 맨 처음 그 제품을 생산한 우리나라의 사업가는 폭삭 망했다는 여담을 원고도 잘 알고 있으리라고 믿습니다.

4. 원고의 준비서면 4항 주장에 대하여

㉮ 원고의 주장에 대한 피고의 답변은 이미 제출한 바 있습니다.

㉯ 1억 원에 인수한 것이라는 원고의 주장을 인정은 하지만, 원고의 실질적 인수 금액은 피고에게 지불할 4,000만 원입니다.

나머지는 전세보증금 6,000만 원입니다(원고의 재산입니다).

원고는 건물주에게 피고가 지불하기로 했던 4,000만 원을 피고의 가게 인수를 하면서 원고는 건물주에게 원고가 지불하겠다고 했던 건물주와의 약속을 이행하고 계약 기간 만료 후에 영업하기 싫으면 건물주에게 전세금 6,000만 원을 환불 받고 건물을 비워 주면 되는 것입니다.

피고는 건물주와의 금전 문제가 해결되고 피고에게 약 4,000만 원가량이 주어지면 양도하겠다는 마음을 폐업하면서 갖고 있었습니다.

---

* 볼펜 → 우리나라는 1960년도 초기에 사용하기 시작

** 라면 → 일제강점기에 출현한 식품(원조는 중국 요리)

5. 원고의 준비서면 5항 주장에 대하여,

㉮ 원고는 공정증서를 부인하고 있습니다.

원고의 주장을 인정한다면 본 건 매매 계약 전에는 피고와는 일면식도 없었는데 공정증서는 피고가 위조한 서류라는 말인가요. 아니면 공증한 도우미가 서류를 조작했다는 주장인가요.

아니라면 원고는 피고에게 다른 채무가 있었나요.

명확한 답변을 요구합니다.

6. 원고의 준비서면 6항 주장에 대하여,

㉮ 원고는 공정증서를 부인하고 판정관의 판단을 흐리게 할 목적으로 허위 사실을 열거하며 원고가 스스로 제출한 입증 방법의 증거 자료도 부인하고 있으므로 본 사건의 판정이 종료되면 피고는 '소송 사기 미수죄 혐의'가 성립 되는지 확인 후 고소장을 제출할 예정입니다.

㉯ 원고가 제출한 건물주 소외 이영희가 작성한 확인서에서는 공정증서에 있는 전세보증금의 잔금 지불일자의 약속을 무시하고 지불 기한이 도래하기 전에 재촉했다는 주장인데 이 주장은 원고가 제출한 공정증서의 내용에 맞지도 않고 건물주는 피고에게 요구할 수 없는 것입니다. 그럼에도 불구하고 건물주는 잔금을 지불하지 않아 피고가 운영을 포기했다고 허위 사실을 확인서에 기재하였습니다만, 건물주가 피고에게 재촉한 금액은 전세보증금이 아니고 피고의 영업 부진으로 지불하지 못한 밀린 월세 400만 원(원고가 가게매매 계약금으로 피고에게 지불할 금액을 건물주에게 지불한 금액)입니다.

건물주와 피고 간에 계약할 때 '월세 임대료'의 지연 지불에 대한 특별한 약정은 없었습니다.

피고가 '월세 임대료'를 지불하지 못하면 피고가 이미 지불한 전세보증금 2,000만 원에서 상계하여 2,000만 원이 소진 되었을 때, 건물주가 어떤 조치를 취하는 것이 관례이기 때문에 본 사건에 등장하는 6,000만 원을 세칭 '전세보증금'이라고 합니다. 공정증서에 전세보증금 지불 기한을 결정한 것도 건물주의 월세 임대료에 대한 안전장치로 결정된 것입니다.

권리금은 상가의 세입자 당사자 간에 인정하고 당사자 간에 가격을 결정합니다. 건물주는 임대료의 권리만 관리하는 것이 현재의 사회 실정입니다.

건물주 소외 이영희는 시설을 자신이 하였다는 주장이 맞을 것이라고 생각합니다. 피고와 건물주 간에 임대 계약 시에도 이미 시설이 되어 있었고 낡아 있었습니다.

시설이 되어 있었기에 전세금 6,000만 원의 금액을 피고가 건물주와 합의하여 전세보증금 약정서를 공증했지 그렇지 않다면 후미진 뒷골목에 있는 건물의 4층을 전세보증금과 월세로 그렇게 많이 지불하지 않습니다. 위와 같은 이유로 소외 이영희는 원고가 허위 사실을 제출하게 하였으므로 '관련 법규 위반 혐의'를 연구하여 본 사건 종료 후 즉각 고소할 예정입니다.

㉰ 원고의 청구를 기각해 주시는 판결을 구합니다.

❖ **4월 17일**

원고 안조은의 4월 12일자 준비서면이 도착했다(내용 생략).

답 변 서

피고는 다음과 같이 원고가 2006년 4월 12일 귀원에 제출한 준비서면에 대한 답변서를 제출합니다.

– 다 음 –

1. 원고의 제1항 주장은 피고가 제출한 답변서의 중복 답변이 되므로 답변할 필요성은 없으나, 원고가 억지를 부리기 때문에 부연 설명합니다.

① 식당의 매매대금은 매매당시의 상태에서 1억 원으로 계약함.

② 그러므로 식당의 전세보증금 총액 6,000만 원에서 피고가 이미 건물주에게 지불한 2,000만 원을 제외한 4,000만 원은 원고가 식당을 운영하려면 원고가 지불해야 한다고 피고는 주장한 바 있고, 원고도 식당매매계약 당시 동의하였습니다.

2. 원고의 제2항 주장 역시 계속하여 억지와 허위 주장을 하고 있습니다.

① 원고의 주장은 피고가 4,000만 원을 더 지급 해야만 건물의 양도를 받을 수 있다고 허위를 말하지만 피고

는 이미 2,000만 원 지불하고 2005년 10월 30일까지 건물의 양도를 받아 영업을 했었으나 이미 답변한 내용대로 영업 부진으로 피고 스스로 폐업 했습니다.

② 원고가 주장한 피고의 반박은 지난번 답변서에 밝힌 바 있습니다. 피고는 동일한 주장을 합니다.

3. 원고의 제3항 주장에

① 원고는 "정신병자가 아니면 인수할 수 없는 것"이라고 주장했는데 본 사건의 식당에 어떤 장점이 있어 수원에서의 생활을 정리하면서까지 보문시에 오셨는지요.

원고가 모른다고 주장하는 '건강식품'에 대한 반박으로 원고가 특허청에 발명자 명의로 기재된 특허청의 서류를 입증 자료로 제출합니다.

② 원고와 소외 민동선은 동업을 했기에 피고에게 지불하겠다는 지불 각서에 원고가 연대 서명하신 것이 아닌가요.

4. 원고의 제4항 주장에

① 원고는 '피고가 폐업한 식당이라면 건물주와 계약했을 것'이라는 억지 주장은 본 사건의 식당 임대권 권리는 2005년 10월 30일까지는 피고에게 있으므로 건물주와 협의는 있을 수 있어도 피고 외에 권리를 주장한다면 잘못된 것입니다.

5. 피고의 주장

가. 원고가 제출한 모든 증거 자료는 원고 주장을 스스로

허위임을 밝힌 자료뿐입니다.

① 공정증서가 식당매매에 관계가 없다.
② 원고는 영업을 하지 않았다.
③ 소외 민동선과 동업하지 않았다.
④ 원고는 건강식품의 신제품은 들은 바도 없다.
⑤ 건물주가 피고에게 전세보증금을 재촉하였다.
⑥ 건물주의 허위 내용 확인서.
⑦ 권리금에 대한 억지 논리.
⑧ 구두계약의 허위 사실 열거.

나. 원고의 청구를 기각해 주시기 바랍니다.

❖ 5월 22일

조정실에서 판정관의 조정으로 원고와 피고는 합의했고 '안조은'과의 모든 소를(민사사건, 형사사건, 경매사건) 취하했다.

※ 민사사건, 경매사건은 당사자의 동의로 취하할 수 있지만, 형사사건은 국가공권력의 소관이므로 고소인이 소를 취하한다 하여도 포도청의 동의가 없으면 불가능하고 고소인의 의견을 참고할 뿐이지 수사는 계속한다.

재산분할청구권 가압류 신청서

채권자 진실한(4807××-145××××)
보문광역시 성동구 양덕동 257-18
송달 장소 : 보문광역시 성동구 양덕동 257-18
전화 : 091-880-8657 / 0111-4190-7777

채무자 허인영(4811××-140××××)
보문광역시 금정구 정선동 275-21(우편번호 234-567)
송달 장소 : 보문 달서구 우안동 4796 한선빌딩 30805호
연락처 : 0166-9000-3240

제3채무자 전다원(6904××-240××××)
보문광역시 마포구 옥암동 231-5 (우편번호 345-678)
송달 장소 : 보문광역시 고령구 원미동 156-13
연락처 : 0166-9000-3240(채무자 허인영과 동일)

피보전관리 및 그 금액 : 손해 배상 청구권 금 5,000만 원

가압류할 재산분할청구권 : 별지 목록 부동산의 채권자 허인영의 제3채무자 전다원에 대한 재산분할청구권

신 청 취 지

별지 목록 기재의 재산분할청구권을 가압류한다.

제3채무자는 채무자 허인영의 재산분할청구권에 기한 소유권 이전등기를 하여서는 아니 된다는 결정을 구함.

신 청 이 유

1. - 생 략 -

※ 소장의 내용과 거의 비슷하게 기록함.

2. 채무자는 행방이 묘연하여 민사적 판정에서 승소한다 하여도 채권을 보전할 방법이 없어 재산분할청구권 가압류를 신청합니다.

3. 제3채무자 전다원은 채무자 허인영의 처입니다.

4. 채권자 진실한의 신청 취지대로 채무자 허인영의 재산분할청구권을 가압류해 주시기를 구합니다.

별지목록(가압류 청구의 토지, 건물의 내용)

※ 부동산의 표시

① 보문광역시 고령구 원미동 156-13. 대지 803.52㎡

② 보문광역시 고령구 원미동 156-13(위 지상).
벽돌 및 시멘트벽돌조 슬래브지붕 5층 건물
1층 505.44㎡

2층 505.44㎡

3층 478.72㎡

4층 478.72㎡

5층 369.13㎡

철근콘크리트조 슬래브지하실 510.96㎡

위 ①, ②번 부동산등기부등본 갑구 순위 번호 2번 보문지방판정원 등기과 2001년 6월 12일 제58527호로 접수되어 부동산처분금지 가처분된 허인영의 재산분할청구권의 가압류를 청구합니다.

입증방법(별도 첨부)〈생략〉

2005년 2월 21일

위 신청인 진실한

전화 : 091-880-8657 / 0111-4190-7777

보문지방판정원 귀중

▶ 앞에서도 강조했지만 민사적 판정에서는 소송 시작 전에 상대편의 재산 상태를 파악하여 가압류해 놓는 것이 무엇보다 가장 우선해야 하는 중요한 것이다.

원고 진실한은 피고 허인영의 재산을 발견하지 못하여 '채권 가압류'를 못하고 본 사건 판결 후 판정원에 피고의 재산을 알려 달라는 요구를 하려고 한다. '재산분할청구권 가압류'를 한다 해도 실익은 없고 응징적인 효과뿐이지만 그렇게라도 해야 직성이 풀릴 것 같다.

처음에 "용서는 안 하되 증오심은 갖지 않는다"고 했지만, 편안한 마음은 아니다.

보문지방판정원

보정명령

사 건 2005 카합 2749 재산분할권청구권 가압류

채권자 진실한
채무자 허인영
제3채무자 전다원

채권자는 이 명령이 송달된 날로부터 7일 안에 흠결사항을 보정하시기 바랍니다.

흠 결 사 항

1. 피보전권리의 법적 성격을 밝힐 것(04가합 72936 사건의 소장 등을 제출할 것).
2. 피보전권리가 불법행위로 인한 손해배상청구권일 경우, 채무자가 행한 불법행위의 내용을 특정하고, 불법행위 책임의 법적 근거를 제시할 것.
3. 손해액의 산정 내역을 구체적으로 밝히고, 손해배상에 관한 소명자료를 제출할 것.
4. 송달료 2,630원을 은행에 추가 납부하여 주시기 바랍니다.

등본입니다.
판정관 보조원 이몽룡

2005. 2. 23.

판정관 공평한

▶ 보정 기간 내에 보정하지 않으시면 신청서가 각하될 수 있습니다.

보 정 서

사 건 2005 카합 2749 재산분할권청구권 가압류

채권자 진실한
채무자 허인영
제3채무자 전다원

귀원 보정명령의 흠결 사항을 아래와 같이 첨부하여 보정합니다.

1. 피보전권리의 법적 성격
   - 04가합 72936 손해배상(기) 소장
   - 04가합 72936 청구취지 및 청구원인 변경신청서
   - 04가합 72936 손해배상(기) 준비서면
   - 04가합 21830 (반소) 반소장(채무자 제출)
   - 항고장

2. 채무자의 불법행위
   ① 채무자는 사기죄 및 배임죄 혐의가 있었으나 채권자와는 학연, 지연관계로 형사처분을 요구할 수 없었고 지금은 시효 만료로 처분 청구를 할 수 없음.

   ② 채무자는 1993년 6월 9일에 채권자에게 2,900만 원을 지불하겠다고 약속했으나 지불 이행을 하지 않아 1998년 5월 4일 선산의 묘지에서 채무자가 기일 약속을 이행하지 않아 채권자와 다툼이 있었기에 친척들이 내용을 알고 있고 소외 사건에서 친척들이 증언을 하겠다고 약속함.

③ 2004년 1월 16일 채권자가 가처분해 놓은 땅의 위치를 확인하고자 소외 사건의 고의성이 동사건 토지의 현장에서 한 평당 500원 받았다고 진술한 내용을 한라도 택시 운전자 최정우가 증언을 하겠다고 약속함.

현재 소외 고의성은 동년월일에 답변한 내용을 번복하고 있어 채권자는 소외 고의성을 상대로 소송 사기죄 혐의로 판정을 진행 중임.

소외 고의성은 채권자를 사기 혐의(고의성의 이중매매에 대한 부당 이득금 청구 사건)로 고소하였으나 채권자는 혐의 없음(증거 불충분)으로 사건이 종결 됨.

3. 손해액 산정 및 소명 자료

* 현금, 이자 손해액 : 49,590,000원

- 500원(한 평당 가격)×2,000 평=1,000,000원(토지 가격)
- 3,000만 원−100만 원=2,900만 원(현금 보관증에 의한 손해액)
- 2,900만 원에 대한 년 5%에 해당하는 이자액 : 20,590,000원

※ 현금 손해+이자 손해=29,000,000원+20,590,000원
=49,590,000원

* 채권자는 직업의 특성상 보통 사람과 다름이 있어 한라지방포도청에 제출한 항고장과 같은 이유로 당시 대응하지 못할 사정이라 민사적인 채권 시효는 계속 연장했고, 이에 대한 증인을 확보하고 있음.

* 토지 가격 인상의 진술자

고의성(410×××-195××××)

한라도 북한라군 대정읍 상모리 444(우편번호 456-789)

전화 : 064-900-6767(토지의 원소유자)

최정우(570×××-195××××)

한라도 북한라군 대정읍 상모리 257-17

전화 : 0222-9000-6789

(토지의 원소유자 고의성의 8촌 친척)

4. 송달료 2,630원 납부 후 영수증 첨부함.

2005년 2월 26일

위 채권자 진실한

보문지방판정원 귀중

❖ 3월 2일

판정원으로부터 가압류 신청사건이 기각*되었다.

> ・주문 : 기각한다.
>
> ・기각 이유 : 이 사건 신청은 피보전권리 및 보전의 필요성에 대한 소명자료가 부족함으로 주문과 같이 결정한다.
>
> 판정관 공평한

원고의 신청사건은 경제적인 이득은 없고(피고가 이혼을 하지 않거나 제3채무자가 매매하지 않으면, 상징적인 피고의 압박 수단으로 사용하려고 했음), 원고가 신청사건을 접수하기 전에도 많은 법률가들은 처음으로 경험하는 사건이라 생소해 했다. 그들은 자문도 구하고, 연구한 결과 원고가 주장하는 '가처분권도 상표권이나 저작권처럼 피고의 권리이다'는 결론을 얻어 신청했지만, 사건을 접수하면서 보조원에게 '채권 확보의 보존 필요성'은 별로 없다고 말하며 접수 시켰던 사건이지만 약간 서운하다.

---

* 민사 소송법에서 '각하'는 신청한 서류가 적법하지 않아 재판하지 않음.
민사 소송법에서 '기각'은 내용에 이유가 없다고 물리침.
형사 소송법에서는 '각하, 기각'을 '기각'으로 통일함.

① 채권자는 재판부의 의도를 이해하지 못하고 판정관에게 요점을 부각 시키지 못한 자료를 제출했다고 인정한다.

② 채권자는 실익이 없는 가압류사건이라 준비도 소홀히 했고 재판부에서 요구한 법적 근거를 제시하지 않은 무책임한 우매함과 경솔함을 범했다.

③ 채권자의 그릇된 판단이겠지만, 항공편의 원활한 이용을 못한 이유로 중요한 자료를 기각 결정된 당일에 제출하였기에 반영 되지 못했을 수도 있겠다는 아쉬움도 있다.

고 소 장

고 소 인 : 허인영(4811××-140××××)
보문광역시 금정구 정선동 275-21 <허상식당>
연락처 : 0166-9000-3240

피고소인 : 진실한(4807××-145××××)
보문광역시 성동구 양덕동 257-18
연락처 : 0111-4190-7777

다음과 같이 고소합니다. 엄벌에 처해 주기 바랍니다.

고 소 사 실

1. 2004년 4월 3일 10시 50분경 피고소인은 고소인의 허상식당 안으로 들어와 한라도 땅을 사고 남은 돈을 달라고 큰소리를 지르고 행패를 부렸고, 수차례에 걸쳐 소란을 피우며 업무를 방해하였습니다.

2. 다음날 4일 11시경 피고소인은 식당에 출입하는 손님과 행인들에게 고소인을 모함하는 허위전단지를 나누어 주며, 식당 앞에서 시위를 하고, 가게 안으로 들어와서는 큰소리로

"이 나쁜 놈 돈 내놔라" 하고 소리치고, "내 돈으로 장사하니 편하냐" 하며 손님들에게 공포감을 느끼게 하며 계속하여 소란을 피우다 밤늦게 귀가하였습니다.

3. 고소인은 무섭고, 부끄럽기도 하여 장사할 수 없어 2004년 4월 5일부터 7일까지 가게 문을 닫았고, 2004년 4월 8일 가게를 제3자에게 넘길 수밖에 없었음에도, 피고소인은 전화를 통하여 음성 메모를 남기는 등의 행위로 협박하고 있습니다.

4. 따라서 고소하오니 형법 제283조 협박한 죄, 형법 307조 제1항 및 제2항, 명예훼손, 형법 제314조 업무방해죄 등 가능한 모든 죄에 대하여 엄중 조사하시어 처벌하여 억울함이 없게 해주십시오.

입 증 방 법

증1호증 답변서
증2호증 업무방해 사진
증3호증 내용증명
증4호증 호소문
증5호증 부동산등기부등본
증6호증 판결문
증7호증 가처분 결정문
증8호증 공탁서

2004년 4월 9일
위 고소인 : 허인영

태민치안담당서 귀중

출석요구서

(피의자)

사건번호 제2004-74239호 2004. 4. 18.

진실한 귀하

동인에 대한 업무방해 등 피의사건에 대하여 피의자로 조사할 일이 있으니 2004. 4. 27. 10:00 당서 수사과 지능수사팀에 이 출석요구서와 도장, 주민등록증(또는 운전면허증) 그리고 귀하가 이 건 진술시 필요하다고 생각하는 자료가 있으면 가지고 나오시기 바라며, 지정된 일시에 출석할 수 없는 부득이한 사정이 있거나 이 출석요구서와 관련하여 궁금하신 점이 있으면 아래 전화번호로 연락하여 출석 일시를 조정하거나 궁금한 사항을 문의하시기 바랍니다.

피고소(발)인은 신문 과정에서 도우미 선임신고서를 제출한 도우미를 참여하게 하여 조력을 받을 수 있음을 참고하시기 바라며, 또한 피고소(발)인으로서 출석 요구서를 받고도 정당한 사유 없이 출석에 응하지 않으면 형사소송법의 규정(긴급체포, 체포영장에 의한 체포, 기소중지)에 의하여 체포되는 불이익을 당하게 될 수 있음을 양지하시기 바랍니다.

참고인으로 출석하여 조서에 응한 경우에는 국가에서 소정의 여비 및 일당을 지급하오니 수령하시기 바랍니다.

태민치안담당서 수사과 지능수사팀

전화 : 091-442-5274 / 020-6800-7766

사건 조사관 소령 박문수㊞

❖ 2004년 4월 27일

치안담당서에 허인영이 '업무방해, 협박죄, 명예훼손' 등의 고소 건으로 피의자 신분으로 출두하여 진술했다.

난생 처음으로 요원 앞에 앉아 피의자 신분으로 진술하려니 공연히 위축 되고 긴장이 되었지만, 조사관은 물도 마시라 하며 친절을 베풀어 안정된 상태로 조사를 받을 수 있었다.

심문조서를 마치고 '죄와 벌'의 값이 어떻게 되는지 알고 싶어 문의하니 웃음 띤 얼굴을 하며 "업무방해를 하셨나요" 하며 반문하기에 마음이 조금 놓이기는 했다.

❖ 8월 9일

포도청에서 출석하라는 전화통보를 받고 조사 받았다.

아전인수(我田引水)격이며, 포도청 수사관은 그렇지 않았겠지만 피의자 신분인 나는 조사에 불편함이 없었고, 고소인은 인간 이하의 천대를 받는다는 착각이 들어서 기분 좋았다.

한 가지 예를 든다면 수사관은 고소인에게 "공구호를 앞세우면 모든 일이 해결 되는데 왜 찾지 않느냐"고 했다.

지금 이 자리가 오직 나를 처벌하기 위하여 만들어진 자리인데…….

주객이 전도되어도 한참 전도된 것이지만, 이 자리에서 죄를 지어 처벌을 받는 것은 나 혼자 뿐인데 기분이 좋은 걸 보면, 내가 나사가 풀린 정도가 아니고 정신이 이상해진 모양이다.

치안담당서에서는 '불기소* 처리 의견'으로 송치했지만 포도청은 '책임 있다'는 결론이다.

시위 시작 전에 노승발검하는 건 아닌지 생각한 것이 결과적으로 '파리 한 마리 잡기 위하여 큰 칼 빼어든 짓'을 했다고 할 수 있지만, 허인영을 매장시키기 위한 다른 방법은 없기에 올바른 판단을 했다고 생각한다.

처음에 각오는 했지만…….

업무방해는 하지 않았다고 판정장에서 주장하려 한다.

포도청 주장이 절대적이고 요원의 의견은 무시 되는 일이 자주 있어 요원들이 수사권의 독립을 주장하는 핵심 갈등 요인 같다(내 할 일도 못하면서 별 걱정 다 하지요. 오지랖이 넓어서 그래요).

※ 시위를 하는데 요원들이 조용히 철수했던 것에 의아심이 들었을 거예요. 요원들은 진실한의 정당방위(나중에 안 사실)를 인정한 것입니다(치안담당서 해당 과에서의 요원 태도 포함).

---

* **불기소** : 죄가 안 되거나 증거가 없어 검사가 공소 제기하지 않음.

탄 원 서

— 내용 생략 —

제가 올리고 싶은 말씀은 '선처와 용서하여 주십시오' 뿐입니다.

2004년 8월 14일

위 탄원인 진실한 올림

보문지방포도청 귀중

❖ 9월 26일

허인영의 고소사건에 대한 약식명령을 받았다.

명예훼손, 업무방해는 현장에 출동한 요원에 의하여 아무런 조치도 없었지만, 공소내용은 '업무방해'가 대표 죄목이다.

포도청에서 수사관의 심문을 받으며 느낀 감정과 간부가 동정(?)해 준 말에 고무되었던 것이 〈운수 좋은 날〉의 '김 첨지 신세' 같다.

포도청 간부의 힘이 절대적이지만 피고는 생각을 다르게 한다. 정식 판정 청구가 달걀로 바위 치는 격이 아니길 바랄뿐이다.

보문지방판정원

약식명령

사건 2004고약 125077 가. 업무방해
(2004형제731055) 나. 명예훼손

피고인 진실한 (4807××-145××××)
주거 보문광역시 성동구 양덕동 257-18
본적 경기 평택시 홍천구 용호동 102-5

주 형 과 피고인을 벌금 500,000(오십 만)원에 처한다.

부수처분 피고인이 위 벌금을 납입하지 아니하는 경우 금 50,000(오 만)원을 1일로 환산한 기간 피고인을 노역장에 유치한다.
피고인에 대하여 위 벌금에 상당한 금액의 가납을 명한다.

범죄사실 별지 기재와 같다(단, 피의자는 피고인으로 한다).

적용법령 형법 제314조 제1항, 제313조, 제307조 제1항, 제37조, 제38조(벌금형 선택), 형법 제70조, 제69조 제2항, 형사소송법 제334조 제1항.

포도청 간부 또는 피고인은 이 명령 등본을 송달 받은 날로부터 7일 이내에 정식 판정을 청구할 수 있습니다.

2004. 9. 18.
판정관 공평한

▶ 참고 : 벌과금의 납부는 해당 포도청 돈 받는 곳으로, 정식 판정 청구는 이 판정원 약식계로 문의하시기 바랍니다.

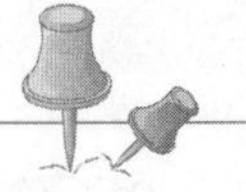

공소사실

피고인은 일정한 직업이 없는 자로서,

1. 가. 2004. 4. 3. 10:00경부터 같은 날 20:00경까지 보문시 금정구 정선동 275-2 소재 피해자 운영의 〈허상식당〉 앞 인도에서 "11년 전 피고인이 피해자에게 토지 매입을 부탁하며 지급한 금원 중에서 실제로 토지 매입에 사용 되고 남은 차액을 피해자가 돌려주지 않는다는 이유로 허상식당 허인영의 사기 행각을 고발합니다"라고 앞, 뒤로 쓰인 시위용 복장을 입고 앉아 있고, '허상식당 1993. 4. 30경 한라도 땅을 사준다며 3,000만 원을 가지고 오지의 몹쓸 땅을 100만 원 미만의 금액에 사 주고 2,900만 원을 착복한 사기꾼, 패륜아, 인간쓰레기'라는 취지의 내용이 기재된 전단지를 지나가는 행인 및 위 식당에 들어가는 손님 성명 불상자에게 나누어 주고 위력*으로써 위 피해자의 식당 경영 업무를 방해하고,

   나. 위 일시, 장소에서 위 식당 앞을 지나가는 행인 및 손님 성명 불상자들이 보도록 위와 같은 내용의 시위용 복장을 입고 식당 앞에 앉아 있고 위와 같은 내용의 전단지를 배포

---

*위력(威力) : 피해자를 제압하는 일체의 힘.
有形(협박, 폭행, 공갈), 無形(돈, 사회적 지위, 권력 이용)의 구별 없이 행위자의 태도에 피해자가 제압되거나 안 되거나 관계없음.

여 공연히 사실을 적시하여* 위 피해자의 명예를 훼손하고,

2. 같은 달 4일 11:00경부터 같은 날 20:00경까지 같은 장소에서 위 1항과 같은 방법으로 위 피해자의 식당 경영 업무를 방해하고, 공연히 사실을 적시하여 위 피해자의 명예를 훼손한 것이다.

피고인 답변서

사건 2004고정 35277 가. 업무방해
나. 명예훼손

피고 진실한 (4807××-145××××)
주거 : 보문광역시 성동구 양덕동 257-18
본적 : 경기 평택시 홍천구 용호동 102-5

피고는 '공소사실'의 내용이 사실과 일치하지 않는 부분이 있다고 판단되어 아래와 같이 의견을 제시합니다.

---

* 공연히 사실을 적시하여 : 사실이라도 불특정 다수인이 알 수 있도록 나타내어.

- 남의 물건을 훔친 일이 있는 자에게 "야, 도둑놈아" 하고, 시험 볼 때 '커닝'한 학생에게 악의 없이 "저 친구 커닝 했어"라고 하면 명예훼손죄가 됩니다.
- 조심하세요. 집 짓기(돈 벌기)는 어려워도 죄짓기는 아주 쉬워요.

1. 피고의 전직은 '건강식품 도매업'으로 종업원 5명 되는 규모의 대표로서 20년 이상을 근무하였고, 슬하에 자식들은 모두 출가 시켰으며 자식들도 안정된 직업을 가지고 있고 각자 본인 소유의 아파트도 있습니다.

피고는 자식들에게 경제적으로 책임질 부분이 없습니다.

노후의 생활 유지도 적당히 저축해 놓은 돈으로 충분히 유지할 수 있다는 판단이 들어 은퇴를 결심하고 평소에 해보고 싶던 '퉁소 불기'를 하고 있습니다. 공인된 직업은 없지만 '고전 음악'을 연구합니다.

간단히 말씀 드려서 돈은 그만 벌고, '해보고 싶던 일'을 하기 위하여 회사의 대표자 피고가 스스로 생업에서 은퇴한 것입니다.

2. '11년 전 금액'을 받기 위하여, 피고는 꾸준히 노력하며 돈을 주기만을 기다렸습니다만 고소인과는 고향 친구의 지연과 학연으로 "기다려 달라"는 소리의 연속에 몰인정한 방법(형사고소. 민사판정 청구)을 선택할 수 없었습니다.

3. 포도청에서 심문조사를 받을 때에도 말씀을 드렸지만 피고는 사법기관에 근무했던 분에게 개인적으로 '업무방해 죄'에 대한 자문을 받았기에 조심했습니다.

물론 포도청 간부님은 고맙게도 고소인이 주장하는 "식당 안에서 고성, 난동을 부렸다"는 허위 사실 등의 내용은 좁쌀 하나도 피고에게 적용하지 않고 식당 밖에서 한 행위를 '수 범죄*'로 처분을 요구한 것이라는 판단입니다만, 피고의 행위에 업무방해 죄목

* 수 범죄 : 한 가지 행위의 범죄가 여러 가지 죄에 해당 됨

은 적절치 않습니다.

포도청 간부님의 피고에 대한 법 적용이 문제가 있다고 생각합니다.

고소인이 치안담당서에 피고를 '업무방해 혐의'로 신고하여 2004년 4월 3일에 출동한 2명의 요원은 아무런 조치도 하지 않고 철수했습니다.

※ 치안요원 출동 일자

치안요원 출동 일자	시간	출동한 요원 수
2004년 4월 3일	11 : 50	2명
4월 10일	19 : 00	2명
4월 23일	11 : 30	6명
5월 6일	12 : 40	2명

▲ 고소인과 고소인의 식당을 승계한 업주 맹숙자는 피고가 '업무방해'를 한다고, 4회 신고하여 12명이 위와 같이 출동 조사하였으나 요원들은 모두 그냥 돌아갔습니다.

4. 피고는 식당의 소유주인 고소인의 처가 원래 팔려고 내놓은 팔리지 않는 허상식당을 원고의 행동을 빌미로 속임 수로 매매했다고 생각 들어집니다.

피고가 요구한 금액은 3,000만 원(고소인 발행 현금보관증) 중에서

땅값 1백만 원으로 계산하고
가처분 소송 도우미 비용 3백만 원
부동산 중계료 및 기타비용 3백만 원

합계 700만 원을 공제하고 나머지 2,300만 원을 돌려 달라했는데 고소인의 주장대로 2004년 4월 3일과 4일의 2일간에 피고

가 업무방해를 했다면 2,300만 원을 지불하면 해결되는 일을 고소인이 반소장에 청구한 7,000만 원이나 되는 손해를 감수하면서 폐업할 특별한 이유가 있겠습니까.

포도청 수사관의 조사를 끝내고 간부님이 "안타깝습니다. 제가 조사 과정을 처음부터 끝까지 다 들었는데 안타깝습니다만 조금은 책임을 지셔야겠습니다. 안타깝습니다" 하기에 "원인 제공을 참작해 주시기 바랍니다" 했더니 "물론이지요" 했습니다.

치안담당서에서는 피고를 불기소 처분 의견을 제시했고, 포도청 간부님이 특별히 '안타깝다' 하며 '조금의 책임'을 말씀하셨지만 깊이 있게 피고를 구제할 수 있는 방법을 연구하실 것이라고 생각했습니다.

고소인이 생활하는 집의 소재를 아는 사람은 한 명도 없습니다.

집은 알지 못하고 오직 고소인의 처 사업장을 가야만이 고소인을 만날 수 있습니다. 피고가 고소인에게 집을 알려 달라고 했으나 거절하여 피고는 고소인의 처 사업장 앞 노상에서 돈을 달라고 일인 시위를 했습니다.

5. 피고는 2004년 4월 4일에, 고소인에게 "돈을 반환해 달라"고 하려고 적법한 방법으로 식당 안으로 출입하기 위하여, 선불제 식대를 지불하고 받은 영수증을 제출합니다.

또 동년월 30일의 영수증은 고소인의 주민등록지가 식당과 동일한 주소로 되었기에 업주 맹숙자에게 "고소인 허인영을 만날 수 없느냐?"고 하기 위하여 피고가 식대를 지불하고 받은 영수증입니다.

6. 본 사건이 있기 10여 일 전에 고소인에게 전화로는 돈을 달라

고 한 번 했고, 사건이 발생하기 5일 전에 허상식당에 가서 고소인을 만난 후 집을 알려 달라고 했으나, 거절하여 돈을 주지 않으면 2004년 4월 3일부터 식당 앞에서 시위를 하고 전단지를 나누어 주겠다고 하며 피고의 컴퓨터로 미리 만든 전단지를 고소인에게 주었더니 고소인은 "마음대로 하라"고 했습니다.

포도청에서도 진술한 내용이지만 피고는 법을 위반하지 않으려고 치안담당서에 집회 신고를 하려고 방문하였으나 성명 미상의 요원이 "1인 시위는 신고할 필요가 없다"고 하여 적법한 행동이라 생각했지 '공연히 사실을 적시하여'의 범죄는 피고의 법에 대한 무지로 저지른 소치이고 '사실을 말하는 것'이 죄가 되는 줄은 몰랐지만 정당한 피고의 권리를 확보하기 위한 방법이었다고 말씀드립니다.

업무방해는 하지 않았습니다.

경산동사무소 옆의 요원파출소에서 성명 미상의 요원이 피고에게, "법을 집행하다 보면 법이 범죄자들에게 더 유리하도록 만들어진 것이 아닌가 하는 착각이 들 때도 있다"고 했는데 공감이 갑니다.

7. 혜안으로 처리해 주시기를 바랍니다.

2005년 9월 28일

위 피고 진실한

보문지방판정원 귀중

❖ 10월 20일

공판일이다.

판정관은 피고에게 "벌금액이 많아 정식판정을 청구했느냐"고 묻기에, "그렇지 않다" 대답했고, "명예훼손의 죄는 인정하느냐" 묻기에 "인정 한다"라고 답하니 조사할 때의 포도청 간부가 아닌 포도청 간부는 피고가 "참 어리석구나" 하는 표정과 함께 묘한 웃음을 띤다.

판정관에게 업무방해죄는 부당하다고 했다.

❖ 10월 23일

10월 21일자로 판정원에서 '국선 도우미 선정 결정'을 통보 받았다.

약식명령으로 처분 받은 벌금 50만 원은 통상적으로 중죄에 해당되지는 않지만 무죄 주장의 이유 때문인 것 같다.

❖ 11월 19일

피고의 무죄 주장에 대한 속행공판일이다.

나는 '부정적인 사고력의 편중이 심한 사람이다'는 점을 인정하지만, 피고를 "도와주라"고 일 시키며 국가에서 돈 주는 국선 도우미는 좋게 말씀 드려서 '재수 없는 말이지만 국선 도우미는 요식 행위에 불과하다'는 결론이고 '국고 낭비의 요인이다'라고 단정 짓고 싶다.

그의 말대로 "한 가지 죄목에도 벌금액 50만 원이면 약한 처분인데 피고는 두 가지 죄에 벌금 액수가 50만 원밖에 안 된다"는 소리를 지껄인다.

그가 가까이 있었으면 2단 옆차기로 한 방 먹였을 거다. 피고의 무죄 주장에 보탬이 될 만한 근거도 제시하지 못하고, 피고에게 법을 위반했다는 설명도 없고 요약해서 말하면 판정장에서 국선 도우미는 포도청 간부가 해야 되는 것 같은 질문뿐이었다.

국선 도우미는 판정이 속행되기 며칠 전에 판정원에 제출된 서류의 검토 후, 피고에게 전화로 "피고의 답변서 내용으로 하면 되지요?" 한 것뿐이다. 쉽게 말하면 피고가 써 놓은 틀린(?) 답을 도우미는 최종 정답으로 그대로 베끼겠다는 것이라고 할까?

세상의 모든 일이 피고의 마음같이 된다면 국가를 상대로 '국선 도우미 수당 지급금지의 소'를 청구하고 싶지만 너그러운 피고가 이해하겠다.

"도우미, 너 오늘은 운이 좋은 날이었고, 착한 사람 만난 걸 고마워해라."

모든 일을 긍정적으로 생각하면 세상에 힘든 일은 하나도 없다고 보문산 신령님이 내게 귀띔해 주셨지만……

세금을 이렇게 쓴다는 것이 아깝다는 생각이 든다.

❖ 11월 30일

선고일이다.

선고 결과, 판정관은 포도청 간부의 주장에 손을 올려 주었고…….

그나마 마음이 덜 상한 것은 얼굴만 예쁜 판정관이 '피고인은 일정한 직업이 없는 자로서'의 포도청 간부의 폄하를 '음악가'라는 교양 있어 보이는 부드러운 어휘로 고쳐준 것이다.

'법은 일반 상식과 같지 않을 수 있다는, 非理法權天*(비리법권천)'의 말은 알다가도 모르겠다.

'판도라'의 상자 속에 딱 한 개 남겨진 '희망'을 꺼내는 어려운 방법을 발견하여 사용해야 하는 부담이 가슴을 누르고 있다.

명예 회복의 길을 선택하느냐, 실익을 취할 것인가 하는 고민이 생긴다.

활동이 왕성한 개업 중인 안면 있는 도우미를 만나 사건 변호를 의뢰하려고 면담하니 피고에게 실익이 없다고 따뜻한 충고(비록 피고의 주장이 기각 되어도)를 해주어 마음을 돌

---

* 非理法權天 : 이치에 어긋난 것은 이치에 맞는 것을 이길 수 없고, 이치는 법을 이길 수 없고, 법은 권력을 이길 수 없고, 권력은 하늘의 뜻을 어길 수 없습니다.

리고…….

※ 참고 : 도우미 수임료 최소 금액 330만 원
벌금액 50만 원

"볼 품 없고 별 볼 일 없는 유비는 어떤 방법으로 관우, 장비가 맹종하게 했으며, 제갈공명 같은 현자를 구했을까 알고 싶고요, 누가 항우(項羽)같이 세상을 뒤엎고 산을 옮기는 힘을 가지고 있는 도우미를 소개해 주실 분 없나요?

우리 순이를 본 사람도 찾습니다."

내 경우와는 다르지만, 죄 없이 측정기의 불량으로 음주운전 혐의를 받아 소액의 벌금형을 받고 불복하여 갖은 노력과 많은 시간을 들여서 무죄 판결은 받았으나, 소요된 경비가 도우미 수임료를 포함하여 벌금액보다도 많이 들었던 사람은 어떤 만용이(?) 있었을까…….

도서관에서 자료를 찾아서 항소할 수 있는 해당 법조문이 있는지 평리원(平理院)*에서 다시 한 번 평가를 받아 보려 한다.

"피고의 정당방위였고, 피고는 무죄다"라는 말을 듣고 싶고, 들어야 한다.

---

* 평리원 : 조선시대의 고등법원 명칭

항소 이유서

사건　2004노 16299　업무방해 등

피고인　진실한 (4807××-145××××)
주거 : 보문광역시 성동구 양덕동 257-18
본적 : 경기 평택시 홍천구 용호동 102-5

원심　보문지방판정원　2004고정 35277

피고인은 다음과 같이 항소 이유서를 제출합니다.

― 다 음 ―

1. 고소인은 피고의 범죄 행위를 교사했습니다.

고소인은 피고가 집을 알려달라는 거듭된(고소인과 피고의 친척 포함) 요구에 거절하여 피고는 다른 방법이 없어(민사소송을 청구하기 전) 고소인의 처 사업장에서 돈을 받기 위한 행동을 했습니다.

고소인의 범의 유발의 함정에 빠진 피고의 범죄는 공소제기의 무효가 되어야 합니다.

고소인은 함정교사자로써 형법 제31조 1항의 '타인을 교사하여 죄를 범하게 한 자'에 해당 된다고 할 것입니다. 피고를 처분하셔야 한다면 함정교사자도 같은 처분을 해야 하는데 고소인은 아무런 처분도 받지 않았습니다.

피고에게 적용된 법률은 피고가 정당방위이기에 부당하다고 생각합니다. 무죄를 인정해 주기 바랍니다.

'한 사람이 태어나서 30년은 기술과 학문을 배우고, 30년은 각자의 직업에 종사한다고 계산하면 피고가 돈을 달라고 한 것도 일의 한 가지로서 피고는 돈도 중요하지만 직업에 종사하는 기간의 반 세월 동안을 신경 쓴 것이 너무 아깝다'는 불편함이 있었습니다.

2. 본 사건이 발생하기 전 같이, 앞으로도 정직한 시민으로써 성실하게 생활하여 사회의 모범이 되도록 하겠습니다.

2004년 12월 19일
위 피고인 진실한

보문지방평리원 귀중

피고 답변서

사건 2004노 16299 업무방해 등

피고인 진실한(4807××-145××××)
주거 보문광역시 성동구 양덕동 257-18
본적 경기 평택시 홍천구 용호동 102-5

원심 보문지방판정원 2004고정 35277

피고는 다음과 같이 답변서를 제출합니다.

— 다 음 —

1. 고소인은 함정교사자입니다.

피고의 유죄가 인정되고 고소인을 처분하지 않는다면 고소인 허인영은 '법이 보호해 줄 가치가 없는 피해자'를 법이 보호한다는 주장을 합니다.

고소인 허인영 수법의 교활함은 피고에게 행한 동일 수법으로 친인척이나 고향 사람 중에 혈연, 학연, 지연을 이용하여 동일한 피해를 입었다고 피고에게 제보가 들어 왔습니다.

피고는 고소인 허인영으로부터 당한 많은 피해자 중에서 유일하게 현금보관증을 받았기에 민사소송을 청구할 수 있지만 나머지 피해자들은 피해 당시에 고소인으로부터 영수증을 받은 것이 없고(금융 실명제 실시 이전), 기타 증빙자료가 위조 되었지만 증명할 수 없어 민사적으로 부당이득금, 손해배상 청구를 못하였고, 형사적으로 '사기죄 혐의, 배임죄 혐의' 고소를 하지 못하고 고소인과 다툼만 있었다고 하소연하면서, 피고에게 도움이 되고 고소인을 응징하는데 도움이 된다면 증언해 주겠다고 자발적인 제의를 하고 있습니다.

2. 고소인과 고소인의 식당을 인계한 소외 맹숙자는 치안담당서에 "피고가 업무방해 한다"고 신고하여 동사건의 현장에 출동한 치안담당 실무 요원들이 일선에서 자주 접하는 사건에 피고에게 아무런 조치를 하지 않은 까닭은 법을 몰라서 조치하지 않은 것이 아니고 조사 후 고소인의 행위가 나빠 '고소인의 행위는 사회상규에 어긋나고 법의 보호를 받을 자격이 없는 피해자'이기 때문이라는 피고의 판단은 잘못 되지 않았나 하는 조심스러운 말씀을 올려

보면서, 피고가 피의자 신분으로 태민치안담당서에서 조사 받고 작성하여 보문지방포도청으로 이송한 조사 내용의 결과도 피고의 위 내용을 참고했기 때문이라고 생각합니다. 직접 피고를 고소인과 대질 조사를 하신 포도청 간부님께서도 조사 종료 후 피고에게 "안타깝습니다만 조금의 책임을 지셔야 합니다. 안타깝습니다" 하셨으면서도 피고에게 약식명령을 내린 것은 포도청에서 적절한 법률의 적용을 한 것이 아닙니다.

피고의 공소사실 내용 작성문에서는 고소인이 주장하는 식당 안에서 행패를 부린 사실이 없다고 인정하시며, 위력(시위, 인쇄물 배포 행위)에 의한 업무방해로 기소하셨으나 부당합니다.

피고에게 처분된 피고의 '업무방해, 명예훼손'의 2가지 죄목에 약식명령과 원심 판결에서 벌금형으로 50만 원을 내리신 것은 만약 피고에게 죄가 있고 죄질이 나빴다면 요즈음의 형량으로는 지극히 관대한 처분을 하셨다고 생각됩니다만, 피고는 어쩔 수 없는 상황에서 일으킨 피고의 자구행위에 대한 유죄 판결은 부당합니다.

3. 피고가 고소인의 거처를 알 수 없었기에 이루어진 동사건의 허상식당 앞 도로에서 발생한 일이라 위력에 의한 업무방해로 포도청 간부는 적용했지만, 고소인에 의한 피고의 권익 침해를 참작하시어 피고에게 무죄를 판결해 주심을 원합니다.

2005년 3월 3일

위 피고 진실한

태민지방평리원 귀중

❖ 2005년 3월 10일

항소심의 국선 도우미에게 만나자는 연락이 왔다. 원심의 국선 도우미와 다른 점이 있을 것 같은 예감이 든다.

고맙게도 항소심 국선 도우미는 원심 국선 도우미에 대한 나의 불신을 조금은 바꾸어 주었다.

도우미 : 시간과 노력이 아깝지 않느냐.

진실한 : 적용된 법 조항에 동의할 수 없고 정당방위를 주장한다.

도우미 : 피고의 주관적 기준일 수도 있다.

진실한 : 만족한 결과가 나오지 않으면 '대법원' 판단도 기대하려 한다.

도우미는 항소심 피고(진실한)의 '권익 보호'에 대하여 노력하는 모습을 보여 준다.

❖ 3월 15일

항소심 판정장의 신분 확인 절차 후, 재판정 처음부터 전 과정의 심리(審理) 절차 녹화 방송 내용.

도우미 : 피고는 이 사건 이전에는 모범시민이었고 위법을 하지 않으려고 고소인에게 집을 알려 달라했고, 피고는 행동하기 전에 치안담당서에 알렸고, 토지의 가격도

고소인과 매도자의 진술이 일치한다. 월남전에 참전하여 국가에 공헌했으며 참전 후유증으로 고엽제 질병을 앓고 있어 보훈병원에서 치료를 해주고 있다.

판정관 : 피고는 그동안 이 문제를 왜 해결하지 않았는가.

피고인 : 가까운 사람 사이의 소송에 대한 한국인 고유의 부정적 이미지와 피고의 직업 특성상 때문이다.

판정관 : 문제를 지금 거론하는 이유는?

피고인 : 회사의 대표자였던 피고가 스스로 은퇴하여 부인에게 용돈을 타려니까 경제적인 부담이 있다.

출가한 자식들은 각자의 안정된 직업에서 근무하고 있고 가정 자체의 경제적 어려움이 있는 것은 아니다.

판정관 : 피고는 고소인을 소송 사기죄 혐의로 고소했는가.

피고인 : 그렇다.

판정관 : 피고는 합의할 생각은 없는가.

피고인 : 없다.

판정관 : 포도청 간부는 의견이 있는가.

포도청 간부 : 기각을 청구한다.

판정관 : 피고 최후 변론하라.

피고인 : 피고의 자구행위이고 정당방위이다.

판정관 : 다음 선고일에 판결하겠다.

판정장을 국선 도우미와 함께 나오며, 그는 판정 결과를 예감한 모양이다. "시간과 노력이 아깝지 않느냐"고 반문했던 그가, "다음(대법원) 기회도 있습니다" 하기에 놀라며, "제가 잘못한 부분이 있나요" 하니, "없다" 하며 속내를 밝히지 않았지만, 피고의 생각으로는 판정관이 피고의 주장은 거론하지 않고 오직 "소송 사기죄를 고소했는가"라는 질문과 "합의할 의향이 없는가"에 국선 도우미는 판정 결과에 대한 부정적 시각을 예측한 것 같다.

판정관은 피고가 고소한 소송 사기사건과 허인영이 고소한 본 사건은 별개의 사건인데 왜 연관 시켰을까 의문이 든다.

❖ 3월 28일

항소심 판정 결과는 불길했던 예감대로 기각 되었다.

피고가 답변서에서 주장한 내용에 대한 사유는 인정 되지 않았다.

나보다 10배는 훌륭하고 유능한 작가가 최근에 쓴 재판 소설의 제목 같은 암묵의 거래는 없었을까(진실한 게임의 글과 시간 차이 있음).

뻣뻣했던 피고의 답변이(고소인과 합의 여부 질문) 비위를 건드렸는지 원심에서 교양 있었던 음악가는 몰락하고 다시 무직자 신세가 되었다.

오늘이 내 생일인데 생일날 받은 선물치고는 기분 더럽다.

즉각 대법원에 상소를 했고 판결문 등본 송달을 청구했다.

대법원은 특별한 경우가 아니면 거의 법률심*을 한다고 들었다.

※ 상고 이유서의 내용이 항소심과 중복됨을 이해 바랍니다.

상고 이유서

사건 2005도 1234567 업무방해 등

피고인 진실한 (4807××-145××××)
원심 보문지방판정원 2004노 16299 업무방해 등
상고인 피고인

피고인은 다음과 같이 상소 이유서를 제출합니다.

— 다 음 —

1. 피고에 대한 항소심 재판부는 피고가 주장한 관련 법률에 대한 심리가 없었다는 판단으로 상소를 제기합니다.

2. 고소인은 함정교사자로써 형법 제31조 1항 '타인을 교사하여 죄를 범하게 한 자'입니다.

피고가 고소인 처의 허상식당 앞에서 행동을 하기 10일 전과 5일 전에 고소인에게 집을 알려 달라 했으나 거절하여 피고와 고소인의 친인척 및 고향 사람들을 수소문하며 고소인의 집을 알려고 피고는 노력했으나 고소인의 집을 아는 사람은 아무도 없었습니다.

* 법률심 : 법 적용이 잘되었는지 판단하는 심판

고소인은 주거지를 감추기 위하여 사람이 거주할 수 없는 공간인 허상식당에 주소를 두었다가 담당 직무원의 조사로 미거주 사실이 확인되어 '데빌타운' 친지의 집으로 주소를 변경하였으나 실지 거주는 다른 장소에서 하고 있습니다.

고소인은 소외 사건의 우편물 송달장소를 법무도우미 사무실로 이용하고 있습니다.

고소인에게 돈을 받기 위해서는 1년에 한 번 또는 2년에 한 번 조상의 묘지에서 만나면 돈을 달라는 방법과 소송을 제외하고는 고소인의 처가 운영하는 허상식당 영업장 외에는 고소인을 만날 수 없으므로 고소인에게 돈을 받기 위해서는 허상식당을 가는 수밖에 없습니다.

피고를 처분하셔야 한다면 함정교사자도 처분해야 합니다.

고소인은 처분 받지 않았습니다.

피고의 유죄가 인정되고 고소인을 처분하지 않는다면 고소인 허인영은 '법이 보호해 줄 가치가 없는 피해자'를 법이 보호한다는 주장을 피고는 거듭합니다.

그 이유는,

Ⓐ 2004년 3월에 태민치안담당서 해당과에 피고가 집회 신고를 하기 위하여 방문하였으나 담당자는 1인 시위는 신고 할 필요가 없다고 하면서 피고가 시위하는 이유에 대한 참고적인 조사를(기록 없이) 하기에 피고가 시위 현장에서 배포할 호소문을 주고, 해당과 사무실에서 시위복을 입고 보여 주면서 설명하니 담당자는 될 수 있으면 조용히 진행 되도록 해 달라고 하면서 만류하지는 않았습니다.

Ⓑ 고소인과 고소인 처의 식당을 인수한 새로운 업주의, 피고가 업무방해 한다는 신고로 현장에 출동했던 요원 총 12명들이 피고에게 아무런 조치를 하지 않은 이유도 있습니다.

피고는 2004년 4월 3일과 동년월 4일에 피고가 간헐적으로 시위했다는 이유로 고소인의 처가 식당을 같은 교회의 교우 맹숙자에게 전격적으로 매도하여 고소인 처의 위장 매도로 착각하였습니다.

맹숙자는 고소인 허인영을 깍듯이 집사님이라고 호칭합니다.

Ⓒ 태민치안담당서 조사관이 고소인 허인영의 고소로 피고를 출석 시켜 심문한 결과는 불기소 처분 의견으로 포도청으로 이송한 서류의 내용도 피고가 주장하는 '법이 보호해 줄 가치가 없는 피해자'라는 것을 인정해 주었기 때문이라고 생각합니다.

가. 고소인의 수법은 피고가 알고 있는 것만 예를 들면 고소인은 피고에게 행한 동일 수법으로 친인척이나 고향 사람 중에 금전적인 여유가 있어 보이고 그동안의 친밀도 때문에 형사 고발하지 못하는 한국인의 정서를 교묘히 이용하여 피고가 알고 있는 것만으로는 4명에게 동일한 피해를 입혔습니다.

나. 고소인은 자신의 재산이 법적으로 없도록 하고 있습니다.

① 경제 활동의 모든 주체는 처 전다원 명의로 하고 있습니다.

② 피고의 딱한 사정을 도와준 고소인의 앞집에 사는 동향인의 제보로 알게 된 고소인의 실 거주 주택도 처 전다원 명의로 소유자가 되어 있고 고소인은 이것마저도 처에 대한 채권자로써 재산분할청구권의 가처분을 해 놓고 있어 어떠한 채권자도 고소인과 그의 처 전다원에게 민사소송에서 승소하여도 채권 확보가 되지 않게 해 놓았습니다.

다. 피고는 고소인을 소송사기혐의로 태민치안담당서에 고소했습니다.

고소인은 자기 소유의 휴대폰을 받지 않아 담당 조사관이 주민등록지에 방문하였으나 거주하지 않아 수배한다고 했지만, 조사관의 업무 과다로 수사가 지지부진하다가 2005년 2월 20일에 피고가 고소인의 거주지를 담당 조사관에게 알려 주어 수사가 진행 중, 이번에는 참고인으로 조사할 소외 고의성의 연락이 되지 않아 사건을 한라치안담당서로 이송하여 부경철 조사관이 조사하고 있습니다만 소외 고의성 역시 자신의 주소를 행정관서에서 변경 시키지 않은, 본인들 스스로 합병하여 행정구역상에 없는 주소지를 위장으로 사용하고 있습니다. 고의성은 한라치안담당서에서 발송한 1차 출석 통보서에 불응하여 조사관은 3차 소환장 출석 통보일에도 출석하지 않으면 영장을 청구를 한다고 피고에게 말했습니다.

위의 사실 대로 피고의 채권을 채무자 고소인의 의무 불이행에 피고는 10여 년 동안을 기다려 주었고, 업무방해를 하지 않기 위하여 집을 알려 달라 했습니다.

이는 형법 제20조를 포괄적으로 해석하면 피고의 업무방해와 명예훼손의 원심 처분은 유감스럽게도 사회 상규(대법원 판례 1977년 6월 7일 77도1107)에 어긋난 것입니다.

대법원 판례(1985. 6. 11. 84도1958)에서 규정한 사회 상규의 의미 중 피고에게 유리한 부분을 발췌하여 적용하면 아래와 같음을 주장합니다.

① 역사적으로 생성된 사회 질서의 범위를 친인척에게 속임수를 써서, 피고의 제주도 땅은 100만 원에 매입한 밭을 3,000만 원에 매입하였다고 고소인은 속였습니다만 피고는 그 당시 피해 사실을 알았으나 고소인이 동향이고 친구이고 먼 친척의 혈육이라 형사적 처분을 청구하지는 않았습니다.

당시 고소인이 피해를 입힌 친척들의 고향 경기도 평택시 시골의 주변 땅값은 한 평당 20,000원 정도 했기에 처음에는 속았습니다.

② 피고의 처벌은 친인척 여러 명에게 사기를 친 행위를 용납하는 것에 대한 사회정의에도 위반 된다는 대법원 판례를 바꾸는 것이라고 생각합니다

3. 피고에게 처분된 업무방해와 명예훼손의 50만 원의 벌금형은 피고가 고소인의 집을 알 수 있는 방법이 없기에, 형법 제21조의 '법익의 부당한 침해를 방어하기 위한 상당한 이유'의 해석 적용에 부합하지 않습니다.

고소인이 집을 알려 주었다면 주택가에서 실효성 없는 시위 복장을 입을 이유도 없고 인쇄물을 배포할 까닭도 없습니다. 피고의

무지 탓이지만 허상식당 안에 들어가면 영업방해가 되고 밖에서는 영업방해는 없고 의사 표시의 방법으로 알고 시위복을 입었습니다.

피고는 10여 년 동안을 고소인의 처분만 바랐고 채무를 변제하라는 독촉은 어쩌다 4월에 만나는 조상의 묘지를 돌보기 위해 모이는 조상의 묘 앞에서만 돈을 달라고 했을 뿐입니다.

4. 원심(항소심)의 판결문 나항의 '채권자의 권리 행사는 사회통념상 허용되는 방법'으로 해야 한다는 항소심 재판부는 피고의 위 1, 2, 3항의 법률 적용은 하지 않고 오직 단편적인 부분으로 판단하셨다는 피고의 의견입니다.

5. 정당방위는 개인의 법익에 대한 보호뿐만 아니라 법질서의 유지를 위해서도 인정되는 것이므로 긴급피난의 경우와는 달리 반드시 다른 피난 방법이 없었을 것(보충성의 원리)을 요구하지 아니하고 침해된 법익이 방위된 법익을 가치 관계에서 초과하지 않을 것(균형성의 원리)을 요구하는 것도 아니므로 정당방위에서 상당한 이유라 함은 방어의 필요성을 의미한다고 하고, 자구행위 또는 정당방위의 요건을 충족하는 행위는 위법하다고 할 수 없습니다.

피고에 대한 법률의 적용이 적절한가 판단해 주시어 억울함이 없도록 해주시길 원합니다.

첨 부 서 류

1. 고소인 허인영 실지 거주하는 거주지의 등기권리증 1부

2. 고소인 허인영 위장 주민등록표 1부
(태민치안담당서 조사관 방문 확인)
3. 소외인 고의성이 사용하는 없어진 주소지를
증명하기 위한 등기권리증 1부

2005년 4월 5일
위 피고 진실한

대법원 귀중

▲ 피고가 피해 입은 동일 사례의 확인서를 받아 증거 자료로 제출하면 좋을 수도 있을 것 같습니다만, 피고는 실익(50만 원 ↔ 시간, 노력, 금전)을 취하려고 증거는 제출 않고 동일 피해자의 인적 사항 명단을 제출했습니다. 앞으로도 피고는 항소심에서 충고해 준 개업 중의 민선도우미 의견을(실익) 존중할 것입니다.

사건 이송 요청서

저는 한라치안담당서에서 출석 요구를 받았으나 현재 보문지방 판정원에 민사, 형사적 판정의 원고와 피고, 고소인으로써 보문광역시를 떠날 수 없습니다.

저의 집 주소지인 보문광역시 성동구 양덕동 257-18 관할의 치안담당서로 사건을 이송하여 주시면 저와 처 여선미가 출석하여 조사 받겠습니다.

2004년 8월 8일

보문광역시 성동구 양덕동 257-18

진실한

처 여선미

전화 : 091-880-8657 / 022-4190-7777

한라치안담당서 귀중

피고소인 답변서

고소인 고의성

피고소인 여선미
진실한

피고소인은 고소인의 허위 고소사건에 대하여 다음과 같이 답변서를 제출합니다.

— 다 음 —

1. 고소인은 현재 보문지방판정원 민사사건의 피고로써 동사건의 원고와 소송 대리인(이하 피고소인이라 함)은 고소인을 상대로 민사적 판정을 진행 중입니다.

고소인이 보문지방판정원 민사부에 제출한 '이행권고결정에 대한 이의신청서'에서

① '원고로부터 매매 대금을 받은 사실이 전혀 없습니다'라고 합니다.
고소인은 공부상에 날인을 해 놓고 매매 대금을 받지 않았다고 하는, 모순 되는 허위 주장을 하면서 피고소인을 사기죄 혐의로 고소했습니다.

② 보문지방판정원의 소외 사건의 허인영은 판정원에 제출한 답변서에서 피고소인 여선미와 함께 고의성을 찾아갔다

하는데 고소인은 피고소인 여선미를 모른다고 주장합니다.

③ 고소인은 보문지방판정원 소외 부당이득금청구사건이 발생하기 전의 자연인 상태에서 2004년 1월 하순경에 피고소인 여선미가 보낸 내용증명과 배달증명으로 보낸 우편물을 특별한 사유 없이 수취하지 않은 이유는 고소인의 불법행위(이중 매도) 때문에 보낸 것으로 피고소인이 착각하였다고 사료 됩니다.

2. 피고소인 진실한은 여선미의 소송 능력 부족으로 민사적 판정의 소송대리인 신청을 2004년 7월 12일에 보문지방판정원에 청구하여 판정이 진행 중입니다.

입 증 방 법(생략)

2004년 9월 11일

보문광역시 성동구 양덕동 257-18

위 피고소인 여선미

진실한

태민치안담당서 귀중

❖ 9월 11일

태민치안담당서에 출석하여 고의성이 고소한 '사기죄 혐의'에 대한 조사를 받았으나, 조사관은 민사적인 것이지 형사적인 혐의는 좀 문제가 있다는 판단을 내리는 것 같았다.

주된 것은 소외 허인영과 석재수의 진술을 들어야겠다고 하며 허인영의 전화를 알려달라고 한다.

1차 조사를 마치고 귀가 시키며 내일 오전에 여선미와 함께 출석하라고 했다.

❖ 9월 12일

피고소인은 고소인의 허위 고소사건에 대하여 자술서를 추가로 제출했다.

다 음

피고소인 여선미는 2000년 10월 12일에 동사건으로 한라에 처음으로 도착하여 도장을 소외 허인영에게 주고난 후 동일에 보문광역시로 귀향하였습니다.

도장을 맡기고 귀향했다는 증거를 입증하기 위하여 2000년 10월 22일의 우체국 소인이 찍힌 증거물을 조사관에게 보여드리고 복사본을 제출합니다.

태민치안담당서에 여선미가 출석하여 '사기죄 혐의'에 대하여 조사를 받았다.

집에서 출발하기 전에 "모든 것을 사실 그대로 얘기하고, 기억에 없으면 없다고 하고, 대답하기 싫으면 대답하지 말고, 편안한 마음으로 조사를 받으라"고 말해 주었지만 아내가 힘들어 할까봐 걱정이다.

조사관은 여선미의 병력을 알고 있는 까닭에 특별한 질문 없이 일찍 끝내고 나에게 오후 2시 30분경 출석하여 허인영과 대질 심문에 응하라고 했다.

참고인 자격으로 출석한 허인영과 대질 심문을 하였으나 예상대로 거짓 진술뿐이다.

조사관은 피고소인에게 "참고인에게 받은 영수증이나 은행에서 인출한 증거를 제출할 수 있느냐"고 하기에, "아침 7시는 피고소인의 직원들이 바쁜 시간이라 저 역시 바빠서 영수증을 받지 않았고, 돈은 은행에서 인출한 게 아니고 피고소인의 직원들 급여일이 20일이기 때문에 급여를 준비하기 위해 그동안 거래처에서 결제 받은 돈이었고, 피고소인은 회사를 한 달 운영하려면 많은 금액이 있어야 하는 규모의 일반 사업자였습니다. 지금은 폐업을 했지만 거래처에서 수금하는 액수가 컴퓨터에 내장 되어 있으니 참고가 된다면 제출하겠다. 그러나 고소인이 매매계약서에 영수했다고 날인하지 않았느냐"고 했다.

조사관이 유도 심문을 했는지 모르지만, 참고인 허인영에게 점심은 달구벌에서 먹었겠다며 심문하니 참고인은 그렇다고 답했고 여선미의 식대 지불도 자기가 했다고 하기에 나는 허인영을 바라보며 "참고인은 거짓말이라도 계산하면서 적당히 하세요. 보문시에서 아침 7시에 출발하여 달구벌엔 아침 9시에 도착했을 텐데 무슨 점심을 먹습니까" 했더니 참고인은 쩔쩔매었다.

조사관은 어제 피고소인에게도 유도 심문을 했는지는 모르지만 땅 1,000평에 1,200만 원이면 싼 가격이라고 하기에, "무슨 말씀이세요. 8년 전엔 한 평당 300원, 500원 하던 금액인데 무엇이 싸다는 말씀이세요" 하며 즉답을 했더니 가격에 대한 추가 질문은 없었다.

조사관은 가처분할 때 법무도우미 비용은 누가 지불했느냐고 참고인에게 질문하니, 참고인은 "제가 지불했습니다" 하기에, 피고소인은 조사관에게 "지금 이 자리에서는 참고인이 지불했다 하고, 판정원에 제출한 답변서에서는 매도인이 했다고 답변서를 제출하였고, 한라도의 고의성은 모든 것은 석재수가 했다고 하며 서로 엇갈리는 주장을 한다"고 말했더니 조사관은 고개를 끄덕거렸다.

조사를 끝내고 조사관은 참고인에게 "피고소인이 어떤 의도로 이러한 일을 했다고 생각하느냐?" 하니 "서류상으로는 이중으로 매매 되었기에 피의자가 욕심을 낸다"고 답하기에 피고소인은 흥분되어 조사관과 참고인을 바라보며, "만약 고소인이 돈을 받지 않았다면 석재수가 독식을 했거나 제3의 인물(허인영)이 먹었을 것이지만, 고소인은 부동산매매계약서에 영수했다는 날인을 하였으므로 책임은 면할 수 없을 것입니다"고 항변했으나, 조사관이 피고소인을 '사기죄 혐의'가 있다고 염두에 두고 있는 부분도 있다는 생각에 좋은 기분은 아니었다.

조사관은 허인영에게 참고인 신분임을 알려 주고 피고소인을 쳐다보며 말을 하려 하기에 피고소인이 먼저 "알고 있습니다. 한라포도청에서 통보해 주어 피의자 신분임을 잘 알고 있습니다"고 말하며 오늘의 모든 조사를 끝내고 귀가하였다.

귀가하면서 책의 앞부분에서 '공자님을 공경할 예정입니다' 했던 부분을 심각하게 생각해 보았다.

공자님은 왜 나 혼자에게만 "피의자는 피의자답게 행동해야 한다"고 손에 쥐어주지 않은 미운 이유가 있었는지 강력히 따져 보려고 한다.

"거들어 주세요. 혼자 공자님과 맞서는 건 버거울 것 같지만 해볼 거예요."

고 소 장

고소인 : 진실한 (4807××-145××××)
보문광역시 성동구 양덕동 257-18

피고소인 : 허인영 (4811××-140××××)
보문광역시 금정구 정선동 275-21
(우편번호 234-567)
송달 장소 : 보문 달서구 우안동 4796
한선빌딩 30805호

고소인은 피고소인을 다음과 같이 소송 사기죄로 고소하오니 철저히 조사하시어 미수 혐의, 기수 혐의를 가리지 말고 엄벌에 처해 주시기 바랍니다.

1. 피고소인은 보문지방판정원 손해배상(기) 사건의 피고와 반소원고로써 법관의 판단을 흐리게 할 목적으로 가공의 인물 공구호를 내세워 허위로 서류를 제출하였으므로 고소합니다.

※ 피고소인의 허위 내용은,

㉮ 매입 토지 가격의 허위 답변서 제출.

㉯ 토지 매입을 가공의 인물 공구호에게 했다는 허위 답변서 제출.

㉰ 공탁금을 피고소인이 납부하였다는 허위 답변서 제출.

㉱ 한라도 한림의 주소 불명의 토지를 사주겠다고 받은 1,250만 원을 고소인의 처 여선미(저열염 후유증 환자)에게 고소인이 매입한 토지를 고의성과 공모하여, 불법 이중매매하여 착복하고 고소인의 동의를 받아 등기이전 했다고 허위 답변서 제출.

㉲ 부동산가처분을 위한 도우미 비용을 피고소인이 지불했다고 태민치안담당서 조사관에게 진술하고 판정원에 제출한 답변서에는 토지 매도자가 지불했다고 하고, 토지의 원소유자 소외 고의성은 답변을 번복하며 처음에는 동네사람 석재수의 소개를 받아 토지매매를 했다고 한 후 며칠 후에는 석재수에게 팔았다고 하며, 그 이후에 발생한 모든 일은 석재수가 했고, 석재수는 고소인에게 직접 토지의 매도를 했다고 하는 상반된 주장에 대한 행위.

㉳ 고소인이 2004년 4월 3일과 4일의 이틀간의 일인시위에 피고소인은 고소인의 영업방해로 전격적으로 폐업했다고 법원에 반소장을 제출한 행위.

※ 입증 방법(첨부 서류) : 생략

2004년 9월 30일
위 고소인 진실한

태민치안담당서 귀중

❖ **2005년 3월 20일**

피고소인 허인영 소송 사기사건을 점검해 보니,

① 피고소인 허인영 소유의 휴대폰은 태민치안담당서와 통화 되지 않았다.

② 태민치안담당서 조사관은 피고의 주소지에 방문하였으나 피고가 주소지에 거주하지 않아 "피고소인 수배를 내려야겠다"고 원고에게 답변해 주었으나 조사관의 많은 업무량으로 답보 상태에 있다.

③ 2005년 2월 20일 고소인(진실한)이 담당 조사관에게 피고의 주거지를 알려 수사가 재개되어 진행 중에 참고인으로 조사할 소외 고의성과 연락이 되지 않아 조사관은 참고인 조사를 하기 위하여 사건을 한라치안담당서에 동년 3월 17일 이송했다.

④ 한라치안담당서는 참고인 고의성, 현상철에 대한 조사 중이다.

❖ 12월 20일

고의성을 소송 사기죄 혐의로 고소함.

고 소 장

고소인 : 진실한(4807××-145××××)
보문광역시 성동구 양덕동 257-18(우편번호 123-456)
전화 : 091-880-8657 / 0111-4190-7777

피고소인 : 고의성(410×××-195××××)
한라도 북한라군 대정읍 상모리 444
(우편번호 456-789)
전화 : 064-900-6767

고소인은 피고소인을 다음과 같이 소송 사기죄로 고소하오니 철저히 조사하시어 엄벌에 처해 주시기 바랍니다.

— 다 음 —

1. 고소인은 보문지방판정원 사건 2004가단 352068호(이송되

기 전 사건 2004가소 5210917 부당이득금)의 원고 여선미의 소송 대리인으로 피고소인이 법관의 판단을 흐리게 할 목적으로 석재수(064-900-8989 한라도 북한라군 대정읍 상모리 425)를 내세우며 보문지방판정원에 허위로 서류를 제출하였으므로 '소송 사기죄 혐의'로 고소합니다.

※ 피고소인의 허위 내용은

① 피고소인이 보문지방판정원에 제출한 '이행권고결정에 대한 이의신청서'와 '준비서면'에서 주장한 허위 내용 중(이하 서류라 칭함).

㉮ 고소인과 여선미에게 토지의 매도를 하지 않았다고 주장하나 매매 방식의 직접 매매 또는 중개인을 통한 간접 매매를 떠나, 매매계약서에는 매도했다고 피고소인이 날인(본인 또는 대리인)을 해놓고 부인하는 행위.

㉯ '부동산처분금지가처분', '부동산소유권이전등기'를 피고소인은 석재수가 했다고 주장하나 석재수는 부인하는 사실.

② 피고소인이 2004년 1월 16일 고소인 부부와 함께 북한라군 대정읍 상모리 2,882번지의 본 건의 토지 위치 확인을 하러 가기 위하여 피고소인은 자신의 지프차를 타고 가자고 했지만, 고소인의 주장으로 택시를 이용하여 본 건의 현장에 도착 후, 토지를 1평당 500원에 소외 허인영에게 매도했지만 현재는 땅값이 많이 올랐다고 해놓고, 판정원에

제출한 서류에는 석재수에게 총 580만 원에 매도했다고 허위 주장하고, 피고소인은 고소인을 불과 6개월 전에 피고소인의 선친에게 물려받은 동사건 토지 현장에서 만나고도 동토지의 민사적 판정사건이 발생하기 전에는 몰랐던 사람이라고 허위 주장하는 사실.

③ 피고소인이 제출한 서류에는 2000년 10월 12일경 석재수와 성명 미상의 남자 1명과 여자 1명의 3인이 피고소인을 찾아왔다고 주장하지만, 소외 허인영은 같은 판정원 사건 04가합 48036325호 손해배상(기)에 제출한 답변서에서 '피고가 소외 고의성을 처음 만난 것은 2000년 한라도로 소외 여선미(원고의 처)의 주소를 옮겨 등기를 하기 위해 어렵게 전화번호를 알아내어 전화통화 후 찾아간 것이 처음이며, 등기 이후로는 한 번도 만나거나 전화통화조차 한 일이 없습니다'고 주장하는 것과 상이한 사실.

④ 동사건이 발생하기 전에 자연인 여선미가 자연인 고의성에게 보낸 내용증명 우편물을 이유 없이 수취 거절한 의심이 가는 행위.

입 증 방 법(첨부 서류)

제 1호증. 이행권고 결정에 대한 이의신청서	1부
제 2호증. 준비서면	1부
제 3호증. 등기권리증	1부
제 4호증. 반송 우편물 겉봉투 복사본	1부

제 5호증. 주민등록등본 1부
제 6호증. 위임장 1부
제 7호증. 인감증명서 1부
제 8호증. 소장 1부
제 9호증. 피의사건 처분결과 통지서(여선미, 진실한) 2부
제 10호증. 불기소 이유통지 1부
제 11호증. 소외 허인영 답변서 1부
제 12호증. 한라지방판정원 결정문 1부
제 13호증. 부동산매매계약서 1부
제 14호증. 영수증 1부
제 15호증. 판결확정 증명원 1부
제 16호증. 의무기록사본 증명서 1부
제17호, 18호, 19호, 20호증. 소외 여선미(원고) 준비서면 각1부

2004년 12월 20일
위 고소인 진실한

태민치안담당서 귀중

위 임 장

성 명　진실한(4807××-145××××)

주 소　보문광역시 성동구 양덕동 257-18(우편번호 123-456)

전화 : 091-880-8657 / 0111-4190-7777

위 사람을 대리인으로 정하고 아래 사항을 위임함.

– 아 래 –

1. 고소인(본인의 남편)이 피고소인 고의성을 상대로 고소한 사건에서 필요할 경우 본인의 소송 능력 부족(저열염 후유증)으로 모든 법적인 서류를 해당관서에 제출하는 행위와 법적 진술이 필요한 경우 대리인으로 진술하는 행위.

2004년 12월 20일

위임인 : 주소, 전화번호 대리인과 동일

여선미(5112××-245××××)

태민치안담당서 귀중

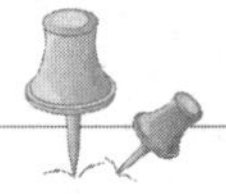

항 고 장

사건번호　한라지방포도청 2005년형 제8456호

고소인 : 진실한(4807××-145××××)
보문광역시 성동구 양덕동 257-18
전화 : 091-880-8657 / 0111-4190-7777

피고소인 : 고의성(410×××-195××××)
한라도 북한라군 대정읍 상모리 444
전화 : 064-900-6767

고소인은 위 사건에 대하여 귀 포도청에서 결정된 처분결과통보를 동년월 25일에 받았으나, 다음과 같은 이유로 항고하오니 재조사를 하시어 고소인의 피해 회복이 될 수 있도록 해주시기 바랍니다.

– 다 음 –

1. 처분결과통보서에서 피고소인은 사기죄 미수 혐의 없음(증거불충분)으로 통보 받았으나 이는 범죄자의 처벌은 제정법으로만 가능하다는 법 자체를 부정하는 것이라는 역설적인, 고소인이 입증자료로 제출한 한라지방판정원의 모든 서류가 잘못 되었다고 판단한 모순이 있습니다.

피고소인은 동사건의 토지를 이중매매하여 행위의 불법과 결과의 불법이라는 두 가지 결함을 갖추고 있습니다.

① 귀 포도청에서는 10여 년 전의 소외 사건과 5년 전의 사건을 지금 거론하는 '고소인을 보통의 상식으로는 이해할 수 없는 이상한 사람이다'는 판단과 인간 행위의 내적 의미에 비중을 두었다는 생각도 해보았습니다만, 고소인의 1일 평균 4시간 정도의 수면밖에 취하지 않았던 특수한 생활의 부산물로 이루어진, 동사건의 토지도 10여 년 전에 매입한 토지를 2004년 1월 16일에 처음 확인하는 '별난 짓'도 사업주였던 고소인 스스로가 생업에서 은퇴하여 이제는 시간이 있기에 확인할 수 있었던 것입니다.

② 피고소인은 귀 포도청에서 조사를 받을 때 고소인(소외 사건 원고 여선미의 소송 대리인)의 법리 해석 오인으로 소를 제기했다 취소하고, 동일한 소장을 다시 제출했던 것에 중점을 두고,

③ 피고소인 고의성이 고소인 진실한을 '사기 혐의'로 고소했던 보문지방포도청의 애매모호한 이유의 불기소이유서를 참고하신 후 심사숙고하셔서 결정하신 것으로 추정합니다만,

④ 고소인은 귀 포도청에서 한라지방판정원이 심리하고 인정한 발급 문서의 증거 부족의 이유를 고소인에게 이해 시켜 달라는 말씀을 올리면 무례한 행위가 되는지 의문이 듭니다.

2. 사기죄의 일반적 이론은 사람을 속여 재물을 편취하거나 재산상의 불법 이익을 취득하거나 제3자로 하여금 취득하게 하여

성립하는 범죄인 재물죄이고, 이득죄에 속하는 다른 범죄와 달리 '상대방이 속아 넘어가는 의사'에 따른 재산적 처분 행위로 '재물을 취득하는 특징을 갖게 되는 속임수라는 요건을 갖춘 범죄'이기 때문에 재물의 이익이 있어야만 성립 된다고 하겠지만 피고소인은 이미 고소인이 제출한 입증방법 등기권리증, 부동산매매계약서, 영수증, 한라지방판정원 결정문, 한라지방판정원 판결확정증명원에서 밝혀졌듯이 동사건 토지를 이중으로 매매하여 부당이득을 취했기에 이미 밝힌 대로 민사소송을 진행하고 있습니다. 고소인은 민사소송을 진행하면서 피고소인이 판정관을 속이려고 하는 소송 사기죄의 처벌을 요구하는데, 귀 포도청에서는 한라지방판정원의 증거 자료도 인정하지 않는 것 같은 부당함이 있습니다.

3. 고소인의 항고 의견은 소송 사기는 판정원이, 적극적 사술의 사용으로 사기죄 성립을 인정한 것으로는 허위의 준비서면과 자술서를 제출한 경우(대법원 판례 1988년 9월 20일 87도964)이고, 소송 사기는 단순한 착오에 의하여 이루어지는 것은 아니라는 것은 고소인도 알고 있습니다.

대법원의 판례가 바뀌지 않았다면 고소인의 입증 자료로 제출한 피고소인이 소외 민사사건에서 제출한 서류가 단순한 착오나 실수가 아닌 범의가 있으므로 충분한 증거 능력이 있다고 고소인은 생각합니다.

소송 사기죄의 성립은 법관을 속여 유리한 판정을 받고 상대방으로부터 재산상의 이익을 취득한다는 사실에 대한 인식과 의욕이 있어야 한다는 주장을 받아들인다면, 피고소인은 소외 고소인의 처 여선미가 제소한 부당이득금의 환불을 하여야 하는 책임을 모면하려는 술책이지만 이 사건은 특이하게도 소송 사기죄 성립 조건의 반대 순서 현상으로 '재산상의 이익을 먼저 취하고 판정원을 기망하는 사건'이지만 고소인은 피고소인의 소송 사기죄 성립이 충분하다고 주장합니다.

4. 소송 사기죄의 실행 착수 시점은 자신에 대한 권리가 없음을 알면서도 판정원을 적극적으로 기망할 의사를 가지고 판정원에 허위 내용의 제반 서류를 제출한 때(대법원 판례 1998년 2월 27일 97도 2786)이고, 피해자에 대한 직접적인 속임수가 있어야 하는 것은 아니다(대법원 판례 1993년 9월 14일 93도 915)라는 엄격한 법 적용은, 고소인의 본 항고장 제2항의 일부 내용과는 다르게 생각하면 법 이론상으로는 배치되지만 사법부의 기능을 보호를 위한 것입니다.

피고소인에 대하여 소송 사기죄에 대한 재조사를 해주시길 바랍니다.

2005년 2월 24일
위 고소인 진실한

한라지방포도청 귀중

❖ **3월 28일**

무등한라지방포도청에서는 진실한의 항고 의견을 받아들여 수사를 재개하기로 했다.

명령 받은 제출 서류를 갖추어 고소인 조사에 출석했다. 진실한, 고의성, 허인영의 관련자 대질 심문을 수사관은 유연한 말투를 사용하며 수사한다. 감추려고 했던 거짓이 밝혀지면 보통의 수사관은 꼬리를 잡고 추궁을 하는 경우가 많은데, 무등한라포도청 수사관은 답변자가 "착각했습니다" 답하면 "예, 그렇습니까" 하는 한마디로 끝낸다.

나는 석재수와의 대질 심문을 요구했으나 수사관은 받아들이지 않았다. 고의성이 강력히 주장하는 중요 인물인데 이유를 알 수 없고, 나쁜 예감이 든다.

❖ **3월 29일**

돌하르방도서관에서 허인영이 어제 거짓 진술한 내용의 반론과 증거를 첨부하여 서류를 만들어 제출하고 조사를 받았다. 고의성이 나에게 참기 힘든 폭언을 했지만 난 눈을 감고 입술을 지그시 깨물며 참아 냈고, 나는 수사관에게 화를 내면서 "저도 이런 식으로 말해도 되는 겁니까" 했지만 그는 반응을 보이지 않는다. 그가 '진실한의 무고죄 혐의 : (고의성의 매매계약서 날인으로 서류상으로는 이중 매매되었으므로 코에 걸면 코걸이 방식을 적용하여)'를 수사하는지 '고의성의 소송사기죄 혐의'를 수사하는지 구분이 되지 않는다.

무등한라포도청에서의 내 역할도 끝난 것 같다.

오늘의 조사를 끝내며 수사관이 내 의향을 묻는 것 같기에 처음부터 내 재산이 되지 않으려고 그런 것 같다고 독백 비슷한 걸 했다. 귀가하려고 포도청을 나오니 폭행사건 가족이 있기에 용서하라 말해 주면서 “그래야 마음이 편할 것이다” 하니 그는 명함을 주면서 한라에 들리면 연락하라 한다.

여선미는 한라에 단 한 번 하루에 『주목적 관광(저열염) : 부목적 한림 땅 매입』으로 왕복했는데, 공소 내용은 여선미는 최소한 3일 이상 등기이전을 위해 한라에 머문 것으로 되었고, 진실한은 항공사의 탑승자 명부가 폐기되어 증거를 확보할 수 없다. ‘진실한의 증거 확보 불능을 이용’하고 고의성, 허인영은 “법원에 각각 상이한 답변서를 제출했다” 항변했으나, 수사관은 이 사건에서 그들은 허위 주장을 할 수도 있고, 그들의 거짓말은 문제가 안 된다는 답변이었다.

※ ‘당신이 소송을 하려면 지금 당장 시작하라.’

※ 버리려고 했던 글 모음

기도

영동아기 말 들어라!
서낭님, 말씀 올립니다!
수운(水雲敎) 교주님께 청촉 드립니다! 최제우님
알라신께서는 저에게 힘을 주사옵고! 마리콤 셀라
호신불(護身佛)님도 도와주옵소서! 나무아미타불
하느님이시여 감사기도 드리옵나이다. 이루어지리다.

기도를 드리고 나니 한결 마음이 가벼워졌다.

근심 걱정 많으셨던 어머님께서 정화수(井華水 : 정안수)를 떠 놓고 가족의 안녕을 빌던 마음을 또 읽을 수 있을 것 같다.

※ 종교 전문가 'T 선생님'이 계신다면, 이러한 경우에 복잡하게 여러 신에게 구원을 청하지 않고 간단하게 전문 분야의 실력 있는 한 분께 쉽게 부탁드리면 되는데 아쉬움이 있습니다.

- 비폭력주의 혁명가 -

※ 아면(我眠 : Amen)이란 단어를 염상섭 님의 〈표본실의 청개구리〉에서 모방하여 사용하고 싶었습니다.

※ '신은 유일신이 아니다'는 오해가 있을 수도 있으나 필자의 생각은 '신은 당신이 신봉하는 신이 유일신'입니다.

거짓말 아녜요.

실없기는……

우리 동네 '칼국수집'의 키가 작달막하고 야무지게 생긴 아주머니가 있다. 그녀는 억척스럽기 그지없고 표독스럽기도 하다.

새벽부터 밤늦게까지 열심히 일은 하는데 어찌된 영문인지 빚은 많은 것 같다.

빚쟁이가 찾아오면 온 동네가 소란하다. 온갖 쌍소리로 시작하여 모든 살림살이를 다 때려 부수는 것 같은 소리도 나고 몸싸움도 한다.

이 아주머니가 여형제와 싸울 때는 더 가관이다. 마치 아귀들이 다툼을 하는 것 같아, 허인영의 '포커페이스' 가면을 빌려 씌워 주고 싶을 때도 있다.

"왜 저럴까?"

사람 사는 것 별 것도 아닌데…….

또 다른 곳에 '칼국수집'을 하는 한 아주머니가 있는데 그녀는 성격이 조용하고 교양이 있어 보인다. 생글생글 웃으며 누구에게나 친절하다. 그냥 만나기만 해도 기분이 좋아지는 이상한 매력을 지녔다.

호화스럽지도, 넓지도 않은 공간에서 종일 일을 하다 보면 짜증도 날 텐데 그런 일 없다. 신기하다.

이 아주머니의 아기를 돌보는 할머님 역시 사람 좋고 명랑한 성격이고, 사람을 만나면 애, 어른 가리지 않고 먼저 밝게 인사를 한다.

서로 인사를 나누면 기분이 좋아진다.

'존경심이 우러나오는 그런 분'이다.

이웃에 이런 분이 계시는 것은 큰 행복이라 생각한다.

나 진실한이가 복 받은 것이다.

비행기

공탁금을 찾으려고 한라행 비행기 예약을 확인했습니다.

비행기를 타게 되면 우쭐대지는 않겠습니다. 한국인이 왕년(60년도)에 비행기 탈 때는 폼도 났지만(SEL ↔ SIG), 지금은 어느 나라 국민이 많이 가는 관광지의 등급이 괜찮은 호텔방인데도 슬리퍼가 없는 경우가 있다고 들었습니다.

옛 시절에는 옆 좌석 영국 숙녀분도 누런 황인종인 저를 다른 사람에게 얘기할 때는 꼭 "신사분(This Gentleman)께서"라고 말씀하셨지요.

저는 비행기 탈 때 처음 'KNA 여자 승무원, 지금의 KAL 스튜어디스'를 보고 '남남남녀'를 알았습니다. 예뻤지요.

요즈음 비행기는 항공기 납치의 우려도 있고, 기술이 많이 퇴보되었는지, 의자가 재질이 값싼 것으로 제작하여 그런지는 모르지만 엉덩이가 아플 때도 있어요.

코미디언의 말을 인용하면 "요즈음은 폼 잡는 것 아니라니까요."

저는 코미디언을 부러워합니다. 머리 회전 속도가 초음속이니까요.

코미디언들은 머리가 좋다는 것을 오래전에 모 코미디언을 경호하려고, '베트남 퀴논, 푸켓 비행장'에서 만나 뵙고 터득했지요.

"그때 뵌 코미디언 아저씨, 노래하는 아줌마, 여전히 안녕하시지요?"

저는 하고 싶은 말을 못하면 알레르기 반응이 나타납니다. 이해하여 주세요. 그렇다고 알랑방귀를 뀌실 필요까지는 없고요.

비밀이지만, 하여튼 '임금님 귀는 당나귀 귀'라고 하기보다는 나을 것 같아 말하려고 합니다.

제가 '걸프 에어', '콴타스 항공' 등을 이용했을 때 배불뚝이 아줌마가 주는 커피는 별로이고, '싱가포르 에어라인', '말레이시아 항공'의 비행기를 타고 서비스 받은 커피 맛은 향도 좋더라고요. '에어포스 원'은 나중에 타보고 평가하겠습니다. 약속드립니다.

싸움 구경은 재밌어요

여러분도 몇 번씩 보신 영화 〈벤허〉의 주인공이 마차를 타고 신나게 질주하는 장면이 장관이었지요.

그 화면 속에 있는 숨은그림찾기에서 빨간 자동차를 보신 분이 있으면 서로 연락하여 '동아리'를 만들면 어떨까요. 〈춘향전〉(감독 홍성기, 주연 현역 배우 아버지)에서 전봇대를 예술적으로 감상하신 분도 훌륭한 자격이 됩니다.

회원의 첫째 조건은 '거장, 잘 나가는 분'들도 그러는데 작은 실수를 했다고 '의기소침하고 있는 자'는 가입 자격이 없음을 정식으로 통보합니다.

〈안경을 쓰고 읽는 분에게〉

아래 글은 별 알맹이 없는 글이니 눈 아프게 읽지 않아도 책값에 대한 손해가 없습니다.

〈眼鏡을 안 쓰고 읽는 분에게〉

春時節後孟夏之節, 基體候一向萬康 하오신지요.

世界 第1次, 2次 戰爭의 勃發 原因을 分析하면 『World car distributor VS Mr. S. H. Jin』의 關係에 對한 世界

第4次 戰爭의 豫想이, 筆者의 杞憂가 사이코(코와 코 사이)는 아니다 라고 賢明한 判斷을 내리실 겁니다.

아이들 싸움이 엄마들 다툼 되는 걸 보신 분은 잘 알지요.

戰爭을 막을 數 있다면 어떠한 代價를 支拂하여도 아깝거나 卑屈하지 않습니다. 萬若 戰爭이 일어나면 本人의 微微한 戰鬪 經驗으로도…….

'가난은 戰爭에서 온다'는 말도 있듯이 戰爭勃發後, 똑똑해서 一流 大學에 다니는 美貌의 女大生이 想像하기도 두려운 職業人(人類歷史 最初 女性職業)이 될 數도 있고, 條件이 좀 나은 境遇라도 單純히 生命 維持를 爲해 가슴팍에 'A' 字의 文身을 새기게 될 憂慮의 不安感에 神經이 衰弱해져서 病院에 入院하는 身世가 되어 醫師先生님에게 高級乘用車를 膳物해야만 될지도 모르고,

잘 난체 온통 하던 女主人公이 별 것도 아닌 '무' 한 뿌리를 들고 '타라의 밭'에서 絶叫하는 場面이 再演될 數도 있습니다.

* 爾踣 往來 後 魂彛儸伸 愛試牧使 祺俰於
(니북 왕래 후 혼이 나신 M목사 기리며)

※ ① 가난 ⇎ 家難.
② 타라의 밭 = 空氣와 함께 없어졌다.
③ 'A' 字는 '朱紅 文字' 複寫.

④ 漢學者이시고 爆笑를 配給하는 職業 從事人 中에서 元老이신 '金 先生님' 筆者가 쓴 漢文이 38/100點 程度는 주실 數 있는 可能性이 充分?

先生님께서 위에 글을 吏讀(薛聰(父 元曉大師, 母 瑤石宮公主)은 現代 感覺에는 無用之物이니 開發하신 方法)로 師事하시고 記錄 해 送達 하시면, 參考해 가면서 文字組立 娛樂을 孫女와 同意 하도록 努力하며 進行 할 것 같고, 吾等은 時間가는 줄 모르게 無知無知하게 興味있을 것 같아 好好할 것 같습니다.

火急하게 付託 드립니다.

허언을 조금 더 하도록 하여 안경을 사용하지 않은 죄의 값을 치르느라 고생하신 동포들에게 숨을 돌리게 해주려고 합니다.

(육아 교육법 제1조 은하철도 999항 : 힘들게 했으면 칭찬해야 한다)

갑골문자 → 한문자 → 한글의 순서로 되었으니 긍정적인 자세를 갖고 이해하세요.

한글학회원님이 진노하시겠지만 엄밀히 따지고 보면 아름다운 '세계에 있는 수백 가지의 언어의 표현 방식 글자 중에서 제일 좋은 한글'도 세종대왕님이 부하들에게 월급을 많이 주며 만드실 때, 창조적인 글이라고 보기보다는 상형문자를 참고한 것 아니겠어요(그래도 그들은 인센티브를 많이 받았을 걸요) .

"모르는 일이다 → 받지 않았다 → 돌려주었다"라고 오리발 내지 마세요. 밝히면 밝혀집니다. 밝혀진 후 10조 원 내고 후회 마시고 자백하세요. 자백하기 싫으면 시인하지요('시인'이라고 하니 고상하고 아름다운 말이네요 : 뭔 소리여!)

'최만리'를 증인 세우면 꼼짝 못할 걸.

전문가 아닌 진실한이도 과거의 일을 캐내고 있어요.

가증스럽게도, 포도청 들어갈 때 당당하며 여유도 있고 미소까지 띠운 얼굴이 나올 때 보면 '초라하고 비굴하게 변해 있다'고 느껴 보신 일 없나요.

세종대왕님 한글 만드셨고,
박정희 대통령님 대맥령(大麥嶺) 헐어버렸지요.
광개토대왕님 돌멩이 한 개로 아파트 4층 높이의
비석 만들고,
선덕여왕님 인기 짱이지요.

- 아! 통한(痛恨)이여. 나와 부킹 성공률은 0%라니.

쪽박 깼던

쪽박 깼던 노오놈이 정중히 인사를 한다.

인사를 받으니 삼십삼(33)해져요.

살벌한 가운데에서도 좋은 일도 있군요.

좋은 기분이 되니 '아라비아 사막' 한가운데서 제게 미소를 띠며 귀엽게 인사했던 '로맨싱 스톤'에서 나온 깜찍한 여배우보다도 더 예쁘고 사랑스러운 서양의 금발머리 여인이 떠오르는군요.

지평선 너머로 아름답고 붉게 노을 진 사막의 석양을 배경화면으로 했던, 아름다운 '석양의 환한 여인'이 한쪽 눈을 짜긋이 하며 지은 매혹적인 미소가 한 번 더 보고 싶습니다.

〈아내에게 보내는 편지〉

"그녀는 예쁠 것입니다."

'텔레비전은 추억을 싣고' 중에서 들린 소리입니다. 찬규 할머니는 섬씽(별일)이 없었으니 신경 쓰지 말고 바가지 긁지 말기를 바라고, 같이 늙어 가는 처지에 용돈도 많이 주고 용돈의 사용처에 대하여 추궁하지 말고, 담배

피지 말라는 소리도 하지 말고, 재판소 들랑거리면서 열받지 말라는 말 말고, 초삭거리지도 말라는 말도 하지 마세요.

※ 광고 : '초삭거리다'는 말이 맞는 말인지 사투리가 아닌지 아는 분은 알지 못하는 나에게 나의 체면이 손상되지 않도록 주의하면서 개인적으로 알려 주세요.

15분간 휴식 : Coffee Time♪♬♩

– 향이 좋은 '실론티'도 있고, '커피'도 있고, '비스킷'도 있습니다 –

이곳은 여러분의 쉼터, '판타지아'입니다.
歡迎. WELCOME! いらっしゃいませ. 어서 오세요.

*찌꼬리 소리가 은쟁반을 구르는 음색으로 합성하여
내레이션(좋은 소리 =찌꼬리+옥구슬+은쟁반)할 때
진한 비음, 24.8초 동안 처리 요망 : Local B. S. 劇長.

아름다운 선율이 은은히 흐르고,
우아한 왈츠가 감미로우며,
'요들송'도 재밌어요.
신명나는 정열의 탱고도 있습니다.

어머나! 분위기가 흥에 겨워 야단법석들이니, 지나가던 '쾌지나 칭칭나네'가 무대에 뛰어 올라 덩실덩실 춤을 추는군요(대본에 없는 출연 : happening).

'켈트 민족'으로 구성된 잘 짜인 팀의 늘씬한 금발 무희들이 미끈한 각선미를 뽐내며 추는 '캉캉 춤'은 율동이 아름다우며 멋있고, 사랑의 달콤한 상상을 하게 해주어 좋아요.

형형색색의 온갖 예쁜 꽃들이 서로의 자태를 자랑하느라 열기가 뜨겁군요. 마치 미스코리아를 뽑는 무대의 경연장 같습니다.

머어엉~ 하는 기분이 우열을 가릴 수 없네요.

한 번쯤은, 그렇게도 다시 보고 싶던 첫사랑의 예쁘장했던 여인, 은미가 성숙한 멋진 귀부인 차림으로 실내를 더욱더 빛나게 하고 있습니다.

그립고 보고 싶은 다정했던 어렸을 적 친구는 크게 성공하고 훌륭하게 되어 국제적으로도 명망이 높은 신사로 금의환향했어요.

최고 권력자도 오고 거물급 재계인사도 보입니다. 칠복이(본명 : 냥들레 리)도 바쁜 생활에 시간을 쪼개어 참석했고요. 내로라하는 기라성 같은 신사 숙녀 분들이 모인 멋진 파티입니다.

이곳엔 '뱀파이어'도 '강남 갔던 제비'도 없습니다.

혀끝을 감미롭게 하는 좋은 술도 있고, 저 같은 필부는 평생 살아도 구경 못하고 이름도 들을 수 없는 산해진미가 가득합니다.

곰 발바닥으로 요리한 고급음식도 있고, 철갑상어 알을 하나씩 터트려가며 씹는 맛도 좋오~습니다.

'진나라' 시황제도 구경 못한 500년 넘게 자란 귀하디귀한 '산삼'에 '영원(永遠)의 하루*'를 첨가하여 달인 보약을 물처럼 마시게도 해놓았군요.

이렇게 좋은 '파라다이스'는 처음 봅니다.

환상적인 이곳에 여러분을 초대하니 재미있게, 마음껏 즐기세요.

숙박 시설도 우리 지구촌 동네에서는 최고급(유료화 시킨다면 하루 숙박료가 최소한 유로화 100,000유로 상당합니다)이니, 평생 동안을 이곳에 머물고 계신다면 더욱더 여러분을 환영합니다.

'빅토리아' 호수보다도 더 웅장하며 아름답게 만들고 있는 제2의 별관 유토피아에는 선남선녀 여러분을 위하여 신나는 '삼바 춤'도 준비할 것이며, 비밀을 유지하고 싶어 하는 '부르스 춤'의 동호인에게는 2,006층 빌딩의 18층에서 118층까지 '로맨스 룸'도 마련하여 편의를 제공할 계획도 있습니다.

---

* '영원(永遠)의 하루'는 조금 큰 바위(높이, 가로, 세로 100km)를 새 한 마리가 인간의 시간으로 1,000년에 한 번씩 날아와 부리를 청소하느라고 바위에 비벼, 그 바위가 닳아 없어지면 영원의 하루가 지나는 것이라고 합니다.
(하루살이 곤충에게 '인간의 하루'는 엄청 긴 세월이라 그 생활도 재미있을 것 같음.)

무릉도원에도 없는 고운색의 아름다운 모양과 밝고 맑은 소리를 내는 예쁜 파랑새도 준비하겠어요.

준공 축하 당일엔 전용비행기를 이용하여 현지에서 공수되는 신선도가 좋고 맛있는 먹을거리가 많습니다(天桃 외 etc).

여러분의 즐거운 여흥에 보탬이 될 진기한 것을 많이 가져오니 기대하세요.

단, 삶의 여진(餘塵)은 훌훌 털고 오셔야 합니다.
편히 쉬세요.
즐기시다가 집이 궁금해지면 언제라도 다녀오시고요.

* 여러분에게 즐거움을 제공해 드렸으니, 지금부터는 제게 시간을 주시고 잘못은 덮어 주세요.

평화로웠던 고조선시대(수천 년 전)에는 '금 8조법' 하나로도 사회의 질서가 잘 유지 되었지만, 그때나 지금이나 이익사회(gesellschaft : 독일어)이기 때문에 사기꾼은 있었던 것 같습니다.

'8조의 금법' 중에 '사기 친 자는 훈방하여 방면한다'는 부드러운 어휘로 표현한 조항이 있습니다. 사회적으로 매장시켜 사회 활동을 자유롭게 하지 못하게 하고 결혼 등을 제한

했다 합니다. - '한단고기' 출전

'홍익인간이며 배달민족이고 단군의 자손'인 선조들은 역시 훌륭하셨다는 존경심이 듭니다.

모든 허물은 판정관님이 가려(佳麗) 주겠지만 원래 성격이 조급한 제가 지금 불편하니 아래 사항을 마을 '원로회의'에 올립니다.

"투표함어디에보관되어있나요빨리빨리날래날래합시다."

- 법 제1조. 남의 돈을 갖고 오리발로 변제하는 자는 시효를 두지 말고 시간 절약을 위해 판정 절차 없이(마녀 사냥하는 방법으로 하여도 나쁘지는 않습니다) 최소 10년을 암굴에서 조용히 보내게 한 후에 천민 신분을 부여하는 자비를 베풀 것.

- 법 제2조. 사기를 치는 놈은 직계존비속을 구분하지 말고 그 씨를 고열에 말려서(방사선 처리하세요) 잘 보관할 것 - 교육, 연구, 전시용으로 사용.

- 법 제3조. '퓰리처'상을 받았던 유능한 신문기자를 평생토록 허름한 식당의 어두컴컴한 구석에서 밥그릇을 깨끗이 닦게 해 밥 먹고 살게 만들어 놓은 비인간적인 사람들을 부정적으로 분석하는 기관을 만들 것.

(단 한 번의 허위 조작 기사를 작성했을 뿐입니다. 우리는 용서합시다. 그녀에게 우리 국적을 주어 유능함을 개발 시키면 국가 이익이 되어 좋지 않겠소).

'법을 고쳐버립시다!'

법을 고치자고 강력하게 외치고 또 외침(畏鍼)네다!!

경제가 선진국이니 우리도 구미선진국 중에 내가 주장하는 법을 가진 나라가 있다면 당무자를 보내 봅시다. 덜 떨어진 꼭지로!

보낼 곳이 없다면 나(那)*에게 보내주시오! 해결이 될 것입니다.

---

* 나(那) : 인류 최초의 최소 국가 단위(最小 國家 單位). 한국 = 한나, 미국 = 미나, 꽃 피는 나라 = 꽃 피나, 좋은 나라 = 좋은 나)

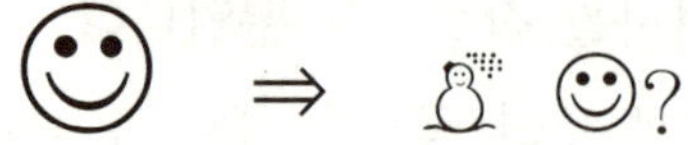

*등장인물의 구별을 위해 이름난 이름 짓는 곳에서 특별히 부탁하여 이름을 만들었는데 한글 이름은 좋은데 한문으로 써보니 이상한 이름이 있다고 초들었으나, 아무래도 전문가는 아는 것이 많으니 작명가의 의견을 따르기로 했습니다.

모든 전문가가 각자의 분야에서 더 많이 알고 있다는 위험천만인 신념, 사상, 신앙은 갖지 마세요.

경고하지만 절대로, 절대로 전문가의 편견을 믿지 마시고 편하게 하세요. 그냥 편하게 하세요. 당신은 훌륭합니다. 당신도 아름답습니다.

주식(酒食)전문가의 의견은 무시하고 'Dr.원숭이(元崇夷)'에게 의뢰하면 수익이 엄청 많이 납니다. -'월'가의 다우존스 실험 결과.

모든 전문가가 다 그런 것은 아니지만, 주식전문가(맹추 전문인을 말함)의 판단이 그렇게 정확하고 잘 알면 이른 아침에 만원의 지하철 속에서 졸며 고생하고 열 받으며 상관의 눈치를 보겠어요. 편안히 시종을 두고 황금을 만드는 손으로 복

돼지를 만들면 되는 것 아니겠어요.

"아빠! 방송 중에 구속된 돈 먹고 날조된 허위 방송을 했던 유명했던 증권 분석가도 있어요(똑똑한 찬규가 어른들 말씀에 참견한 말 : 잘난 척 잘하는 찬규에게 교양 있게 언행을 하라고 주의 시킬게요)."

간혹 대동강 물을 헐값에 팔은 '맹한 바보 봉이 김선달'보다는, 스케일이 크고 유능하여 현존하는 '호모사피엔스' 무리 전체를 한때나마 신나게 해준 인류 역사(약 10만 년)이래 오직 한 분이신 뛰어난 전문가도 있기는 하지만 …….

저의 품격 높은 고견에 이의 있으신 분 있습니까.

명단 제출해 주세요.

투자를 잘못하면, 어느 날 톱 인기가수가 인터뷰를 하면서 돌아가신 아버지를 회상하며 흘린 눈물보다도 더 염도가 높은(진한) 물이 나올지도 몰라요.

그 가수는 쩨쩨하게도 아버지가 아들의 가수 되는 길에 뿌려놓은 '계양산 진달래 꽃잎'에 감격하고 집 두 채를 말하며 울었지만(나는 '영변 약산 진달래꽃'은 귀로 들은 것 뿐), 저는 '짙은 파란색 종이비행기'도 날려 보내 봤어요. 종이비행기를 날려 버린 주된 원인은 셈수를 못 헤아리는 제 능력 부족이었지만 머리털 빠지는 일이 없었다면 지금도 날리고 있을 겁니다.

재미(짜릿한 느낌)도 있었지만 속도 상했지요.

"후회 되지 않느냐?"고 연습으로 한 번 해보세요.

"연습으로!"

"않는다"고 뻔한 거짓을 말하면 "우(愚)~!" 하실 거고, "한다"고 답하면 "비엉신!" 하며 비웃을 것 같아 난처합니다.

우리 동네에서 대한민국 최고 명문대학 관련 학과 출신의 똑똑한 분이 저와 비슷한 처지를 당했을 때, 저도 뒤돌아 숨어서 재미있어 하며 웃었으니까요.

"저는 잘하는 것 한 가지 없는 구제 받지 못할 분이었습니다."

주식투자 소감을 여러분의 속이 시원하게 속마음을 답할 테니 저의 집식구에게는 비밀로 해주세요.

비밀입니다. 약속하신 것입니다.

"라스베가스의 스위트룸에 머물며 '비버 라스베가스~♪' 했거나, 도쿄에 가서 골든벨을 호기 있게 치며 미모의 여직원들을 모아놓고 대형 선풍기를 틀어 시원하게 날려 아수라장을 만들었다면 추억이라도 남지."

B선생?

혹 위에 글을 읽고 오해가 생길 수도, 조금 미안해 할 것도 같습니다.

당신을 원망하려는 의도는 추호도 없습니다. 제 잘못이 더 크니까요.

모두가 지나간 날의 '모래 알갱이' 같은 '작은 일'입니다.

이제 '해 뜬, 흐린, 비 온, 눈 온' 날을 조금은 알게 되는 것 같습니다.

귀하의 융숭했던 후대가 지금도 저를 즐겁게 합니다!

— 지난날의 고객 씀.

주식투자로 성공하신 많은 분에게 존경심과 부러움의 찬사를 보내 드립니다. 꽃다발도 곁들입니다.

해설도 적절하지만 정직하지요? 동의하세요?

여러분!

어젯밤에 평온히 일찍 자서 안 졸리지요?

오차가 없는지, 일찍 주무신 것이 계산에 맞는지 확인하셔야 합니다.

사우 여러분! (열 받아서 나는 조금 겁나는 목소리)

여러분의 후생복지를 담당하는 복지상 이사(福祉上 理事)입니다. 오늘 회의에는 각자 5분 이내에 자유 발언을 할 수 있습니다. 타인을 모함하거나 상처를 주지 않는다면 안건은 상관없이 듣고, 조건 없이 수용하겠습니다.

홍보과의 진실한 대리입니다.

'글 쓰는 일'이 정말 어려워 죽겠어요.

처음엔 '쉽고 편할 것이다'는 속도(눈치) 빠른 판단으로 기회다 싶어 보직 변경했는데, 겪어 보니 쉽게 볼 일은 아닙니다.

어떤 사람은 박사 학위를 받으려고 공부하다 고달파 사망했다는 얘기를 들은 기억이 있습니다.

'글 쓰는 자'들은 인세만 챙기고 놀고먹는 또 하나의 좌식자*(에이스카드 소유자)로 알았거든요. 죄송합니다.

TV에서 '글쟁이가 땀 흘리며 힘들여 글 쓰는 그림'을 한 번도 보여 주지 않았으니 어떻게 알겠어요. 제 잘못은 아닙니

---

* 좌식자 : 말 그대로 앉아서 놀고먹는 자(로열패밀리, 양반 계급).

다. 무죄입니다.

인사부는 저의 보직을 여름철에는 '시원한 바람이 부는 화재 감시용 높은 망루' 지킴이로, 겨울엔 '따뜻한 세탁소에서 뜨거운 다림질' 같은 일을 시켜 주시면 "적성에 맞는다"고 맹세 하겠습니다. — 단군기원 4293년도 : 대한민국 서울의 세속도(世俗圖)

제가 변소칸*에서 두어 달 전에 얼핏 들은 말인데 짚고 넘어 갑시다.

여러분은 진실한 대리가 무식하면서 품위 있어 보이려고 하는 것이 보인다고 빈정대며 뒤에서 흉보는데 그러지 마세요. — (이사님 1차 경고함)

잡다한 얘기 치우고 얼굴이 좀 화끈거리는 주요한 잡담이나 하지요. 음담패설을 하자는 것은 아닙니다. 제가 먼저 시작할까요.

제가 보문광역시에서 사는 걸 고집하며 긍지를 갖고 있는 것도 이유가 있습니다. 주된 이유는 '아리랑, 타향살이' 노래가 나오면 눈물을 보이지 않으려고 하는 것이지요.

---

* 칭기즈칸에서 칸과 변소칸의 칸은 다른 뜻입니다. : 경망스럽다.

前 移民者 曰 : 송해(Sing a Song) 씨 그렇지요?

이유는 오로지 그것뿐입니다.

낯선 땅에서 흘러나온 "동해물과 백두산이~♪"의 귀에 익은 음색에, 전율을 느끼며 이유도 없이 눈물을 펑펑 흘려본 경험이 있습니다.

허풍이 심하다고 하시겠지만, 지금까지 있었던 실력 있는 어떤 호곡녀*(號哭女)보다도 더 많은 눈물을 흘렸을 거예요.

달이 뜨면 그 옆에는 사랑하는 아내와 귀엽고 잘생긴 아들에 대한 그리움이……, 저를 보며 웃음 띤 얼굴을 하면서도 애절하게 기다리고 있는 모습으로 떠 있어 가슴을 저미는 아픈 추억도 있습니다.

한 번은 촌동네 타코마시티가 고향인 외국인 친구가 뉴스를 듣고 황급히 제게 달려와 "한국 이리역 폭탄 폭발" 했다는 흥분한 목소리에 순간적이지만 전쟁이 난 것으로 착각하고 처자식과 부모형제를 걱정하며 가슴을 쓸어내린 일도 있어요.

어릴 적에 산골짜기에서 가재 잡고 놀던 생각도 났습니다.

걱정해 주던 친구 이야기 좀 하겠습니다.

먼저 가는 사람은 상여금이 삭감되는 불이익을 받게 될지도 몰라요. 감시카메라가 설치되어 있으니 유념하셔서 자리 뜨지 마세요.

---

* 호곡녀 : 초상집 상주 대신 슬피 울어주고 높은 보수를 받는 맹렬 전문직 여성.

그는 두뇌지수가 99.9(그래도 세 자리 수)밖에 되지 않아 눈치가 없어, 제가 듣고 싶어 하는 이야기가 어떤 것인지 도통 감을 못 잡더라고요.

저는 야한 이야기가 궁금했는데, 그 자식(愛稱)은 순진한 "메이드인유에스에이"의 처녀는 담 밖으로 나오지도 않고 어쩌다 남자 곁을 지나게 되면 부끄러워하며 얼굴이 빨개진다고 거짓말을 능금 따 먹듯이 해요.

제가 원하는 '마약, 매춘, 포르노, 섹스, 총기류, 장관님 아들도 아비를 양노원에 보내는 것' 등등에, 항상 엉뚱한 대답(교양은 있지만 이 부분만큼은 마음에 들지 않는 나쁜 놈)을 했어요.

옛날 옛날, 롱롱어고우 시절 얘기입니다만, 호랑이가 담배 끊고 곶감을 두려워하던 때는 아니고요, 외국에 있던 벗이 귀국하여 잠깐 놀고 싶은 이유로 보문시에 도착한 시점을 말하는 것입니다. 친구는 제가 보고 싶어 왔다는 핑계를 대며 찾아온 적이 있습니다.

어려운 처지의 저를 보고 우울해 하며 이민을 가자고 권유했습니다. 이민 가면 성공할 수 있겠다는 유혹도 생겼습니다만, 성공했다 해도 샤넬 No. 5의 고급 향수는커녕, 샤넬 No. 19의 싸구려 향수병을 살 돈을(이겨 낼 용기) 벌지는 못할 것 같았습니다.

한국인은 하늘에 흰구름 떠 있는 한반도가 제일 좋은 곳이고, '에스키모' 사람들은 '이글루'가 따뜻하고 포근한 보금자리, 살을 찌르는 것 같은 뜨거운 모래 바람이 부는 사막의 한가운데 사는 '모하메드 알리'는 낙타 스무 마리 있으면 지구상에서 제일 큰 행복감을 느끼고, '아마존'의 원주민에게는 푸른 숲이 지상 최고의 낙원이라는 생각을 갖고 있답니다. 비록 왕모기가 있어도요.

오지의 고산족은 발가벗고 동물 같이 사는 것이 편하겠지요. 그렇게 길들여져 왔으니까요. 그들에게 옷을 입혀 주면 '늑대 소년'처럼 감기 걸려 죽을 겁니다. 그들은 옷을 입은 제가 "이상하게 보인다"고 했어요.

저는 콩을 발효시켜 만든 된장국이 맛있고, 보글보글 끓는 매운탕이나 시원한 동치미 국물을 환담해 가며 떠먹는 정겨움이 있는(잇는) 식탁이 좋습니다만, 외국인들은 다른 사람의 침을 섞어가며 먹는다고 혐오감이 든다고 해요, 글쎄.

어떤 나라에서 구경한 것 중에는 교양 있고 점잖은 분들이 고급식당에서 비싼 돈 주고, 깨끗했던 손을 엉망으로 만들고 난 후 그 손으로 게걸스럽게 밥 먹는 모습에 침이 꼴깍 넘어가기는 했지만…….

베트남의 예쁜 아가씨는 쥐를 잡아 구워 놓고 생선을 썩힌 물(생선으로 만든 간장 = 역겨운 냄새가 한국인은 참기 어렵습니다)에 우리의 상큼한 오이를 고추장에 찍어 먹는 것처럼 '날 호박'을 찍어 먹으며 맛있다고 좋아하는 걸 본 제가 신기해 하는 것도 모르고, 김밥이 맛있는 음식인 줄도 모르면서 제가 '검정색 종이(김)'를 먹는다고 흉을 보고 힐끗거리며 웃었습니다.

우리나라에서는 값이 장난이 아닌 홍어를 '악마의 심부름꾼'이라며 먹지 않는 국민도 있고, 신기한 것의 또 하나는 남반부 종족 중에는 비싼 전복을 보면 생긴 모양이 신체의 일부를 닮아 야릇하여 재수 없다고 먹지 않습니다. 전복죽이 임금님께 진상하는 귀한 음식인 줄 알지도 못하면서…….

바다에 빠져 죽은 시체에 다닥다닥 붙어 있던 해삼을 인삼에 버금간다고 하며 맛있게 먹는 용감한 시민도 많이 있는데 한마디로 웃겨요.

또 한 번은 처갓집이 이민 가서 대성했다는 좀 아는 사람이 이민 가자고 했습니다.

그는 남들이 부러워하는 직장(혼기를 앞둔 여성이 선호하는 신랑감 제1호의 직업)에 좋은 직위의 위치에 있는, 이민을 갈 필요가 없는데도 같이 가자고 졸랐습니다.

돌이켜 보니 잘했다는 생각이 듭니다.

개척 정신이 없는 '소심한 사람' 소리를 들으면 어떻고 용기 없다고 인식을 받으면 어때요. 제 마음은 편하니까요.

제게는 '명예, 재물, 학식이 있는 것도 아니지만' 이대로 좋습니다. 만족합니다. 만족하려고 합니다.

제 주변에는 즐거움이 많이 있지요.

성급히 판단했더라면 소중하고 좋은 것을 얻지 못했을지도 모릅니다.

하늘 설고, 산 설고, 물 설고, 낯설고, 말 설고, 먹을거리 설고, 규칙 설고, 달 설고*, 머루 설고, 다래 설고…….

우리 땅에서 비하했던 깜둥이보다도 더 심한 인종 차별의 서러움을 받으면서도 많은 노력으로 오뚝이보다 더 우뚝 선 해외 동포에게 존경심과 감사를 드리며 소중한 조국의 흙냄새를 보냅니다.

이제는 우리나라도 힘이 있어 밀어 드릴 테니, 노란색도 아름다운 색깔이라고 인식 시켜 주세요.

그대들이 나갔기에 남겨진 우리는 여유가 있었고, 송금해 주신 돈을 유용하게도 썼지요. 오늘의 코리아가 있다는 것은 여러분의 큰 덕이지만 "고맙다"는 한 마디밖에 드릴 것이 없군요.

※ 아휴 숨차라 : ☺ 여기까지 한 숨에 말했어요.

---

* 달 설고 : 어떤 나라에서 보는 달은 크게 보입니다.

◈ 아래 보문산 글은 전문 산악인들의 간행물에 원고료 없이 게재할 수 있고 저자와 협의가 끝난 글이니 누구나 무한정 사용을 허용합니다.

- 기획실 입사 3년차 미스 김영주 -

보문산.

정성을 들여서 아름답게 꾸며 놓은 공원 같은 아담하고 좋은 산입니다.

봄이 되면 울긋불긋 고운색의 온갖 꽃들이 파릇파릇한 새싹들과 어울려 예쁜 그림이 됩니다. 생동감 있는 봄은 그지없이 좋지요. 봄은 "야~ 호"라고 소리치면 안 되는 불편함은 있어요. 산새들의 산란기이니까요.

여름은 울창한 숲 속에서 울어 대는 매미들의 노랫소리가 흥겹고 시원합니다. 시원한 그늘에서 낮잠을 즐기면 더 없이 좋아요. 약수터의 물맛은 얼마나 좋은지 아세요. 프랑스제 '에비앙' 약수는 명함도 못 내밀지요. 밤에는 연인들이 소곤거리는 정담도 달콤하게 들리고요.

가을에 낙엽이 곱게 물들면 모든 이들의 가슴속에서 저절로 나오는 감탄사가 삶의 풍요로움을 느끼게 하고,

"찬규야* 들리느냐 낙엽 밟는 소리가……."

애수에 젖게도 합니다. 소슬바람에 떨어지는 가랑잎은 걸어 온 발자취를 뒤돌아보게도 합니다.

겨울. 흰 눈이 사뿐히 날리면, 사랑했던 연인의 정겨운 모습이 떠올라 눈시울이 붉어지기도 하지요. 함박눈이 소담스럽게 내리면 더더욱 좋아 누구에게나 하얀 동심(童心)을 선물합니다. 하얗게 쌓여 있는 백설은 '고향으로 가는 길'을 연상하게 하고…….

보문산.

봄에는 복숭아꽃, 살구꽃, 아기 진달래도 곱게 핍니다.

보문산 이름은,

옛날에 부지런하고 착한 농부가 있었는데 가난을 면할 수 없어 이 농부가 지성으로 졸랐습니다. 혹시 감천할 수도 있을 테니까요.

농부는 서당을 못 다녀 모든 사물의 이치를 잘 알지도 못하고 근거도 없으면서 시간만 나면 재잘거리고 염불을 외우는 것처럼 기도했어요.

"신령님부자되게해주세요부자되게해주세요해주세요해주

---

* 구르몽, 시몽 : 어려운 말로 들려서 '손자 녀석 이름 찬규'로 변경함.

세요신령님."

종자돈이 한 푼도 없으니 청문회에 출석하신 잘난 사람 같은 방법을 따라서 할 수는 없지만 부자가 되고는 싶었습니다.

복권에 당첨되면 통계적으로 패가망신할 확률이 높다니 두려운 일이라 겁나서 못하고(대표적인 예 : 골프 황제가 되어 갑자기 돈이 많아진 집안의 뒷얘기)…….

옛날엔 '허생전의 허생원' 말고는 돈 버는 일이 별로 신통치 않았지요. 그때나 지금이나 부자 되는 길은 장원으로 합격하는 것뿐입니다.

방송국이 수능시험 치를 때마다 혼 빠지고 시끄러운 이유를 잘 아시지요?

수험생들은 공부만 하느라고 학교에 가는 길, 우리의 생활에서 가장 기초적인(Basic) 길(How)도 알지 못하여, 요원이 오토바이에 태워 학교에 보내 주는 장면 보셨지요(회사에서 신입사원 연수비용 과다지출로 고물가의 원인).

지금도 국가고시나 일류기업에 탁 붙으면 축하 인사를 받는 것은 옛날과 같은 이유입니다.

언제나 괴상야릇한 지팡이를 휴대폰 대신에 갖고 다니는 하얀 눈썹에 길게 늘어진 흰 수염의 착한 신령님은, 낮잠을 주무시려 해도 농부의 중얼거리는 소리가 시끄럽게 방해 되고, 떼쓰는 것이 귀찮기도 하고, 존댓말을 꼭꼭 쓰는 것이 갸

륵하기도 해서, 별 계산 없이 신심(사람은 인심)을 쓰셨습니다. 신령님의 특권은 생각 없이 일 처리해도 손해 보는 직업은 아니거든요.

어느 날 농부가 잠에서 깨어 보니 재떨이에 담뱃재가 가득히 넘쳐 있었습니다. "이상하다 내가 담배를 이렇게 많이 피웠나" 하고 농부는 의아해 했지요. 다음날도 또 다음날도 같은 현상이 계속 일어났습니다.

좀스럽고 뚝심도 없는 농부는 다른 것도 그럴까 하고 반신반의하며 재떨이에 겨우 보리쌀 한 톨을 넣고 잠을 잤습니다. 아침에 일어나 보니 이게 웬일입니까, 보리쌀이 가득 쌓여 있습니다.

금을 넣으니 금이 가득하고 은을 넣으니 은이 가득하고…….

큰 부자가 되었지요.

그러나 미인(美國人)을 넣으면 별로이었지요.

부자가 된 농부는 폼 잡지 않았으며, 담이 작아 교만하지도 못했고, 흔한 졸부라는 호칭도 듣지 못했고, 연길에 가서도 "이 마을 전체를 사도 내 재산이 남는다"고 뻐기지 않았으며, 조선족 현지처도 만들지 않아 미움도 받지 않고, 비싼 술도 먹지 않고, 않고, 않고, 않고, 않고, 않고…….

더 큰 부자가 되려고 욕심 부리지도 않고 열심히 일하며 가

난한 이웃들의 고통을 덜어 주고, 좋은 일도 많이 했습니다. 사회복지재단(우리 동네 경로당 포함)에 이름을 감추고(눈물도 감추고) 기부금도 많이 냈어요.

농부의 자식들은 모두 신이 났습니다.

아버지의 빽을 믿고 '카사노바'와 함께 외국인 전용의 아방궁 출입과 전세비행기로 '카사블랑카'에 가서 성인오락실을 이용했으며, 멋진 스포츠카를 몰고 다니며 강강남남에서 "야타" 했습니다. - 저도 그런 행운이 있으면 기필코 그렇게 합니다.

만약 제가 '기생 + 투전'을 한다고 아버님의 알미운 비서가 고자질하면 훌륭하고 거룩하신 아버님은 틀림없이 이렇게 말씀하셨을 거예요.

"이 사람아 갠 아비 이름이 'JaeBeol(만국 공통어)'이라네, 나도 아버지가 부자면 그렇게 했을 걸세, 그 애가 이 세상에서는 돌이킬 수 없는 사고라도 친다면 자네가 책임질 것인가?" 하시며 비서에게 힐책을 하고 적법한 절차의 사규에 따라 감봉 2개월의 중징계를 내렸을 것입니다.

세월이 흐르고 흘러 그리고 또 흘러, 많은 세월이 흘러서 농부는 임종을 맞이하게 되었습니다.

농부는 자식들을 모아 놓고 대나무 이파리*를 나누어 주

---

* 대나무 잎 = 파피루스 = 창호지(韓紙) = A4 복사용지 = 종이

며 "내가 사랑하고 자랑스러워하는 착한 자식들아, 이곳의 표시된 장소에 '재떨이 보물'을 묻어 놓았으니 각자 노력해서 찾도록 해라. 먼저 찾는 아들에게 보물을 물려주겠다"고 엄숙히 말하고 확실하게 공정증서에 도장을 찍었지요.

자식들은 보물을 찾으려고 혈안이 되어 지도에 표시된 곳을 파 보았습니다만 보물을 찾지는 못했습니다. 보물을 찾으려고 땅을 파다 보니 넓고 비옥한 농경지가 됐지요. '큰밭* = 大田'이 탄생한 것입니다.

원래 근본이 있던 형제들은 깨닫게 되었지요. "아! 아버님께서 열심히 살라"고 하신 말씀이었구나 하며 예전의 잘 나가던 버릇은 모두 철통같은 스위스은행의 금고에 맡겨 놓고 건실하게 일을 해서 보람되게 살았다는 얘기가 있습니다.

(※ 원문의 출처는 모르고 일부 인용했는데, 아버님에게 들었던 것 같기도, 담임선생님께서 들려주신 말씀 같기도 하고, 지금 생각하니 얌체 같은 이웃집 할머니가 개구리 잡아온 비용** 대신 들려준 이야기 같기도 하고. → 원효대사의 고뇌와는 비교할 수 없는 사안이지만 그래도 해골바가지가 복잡함.)

---

* '큰밭' → '한밭' → '大田' → 'It's DaeJeon'
'It's Sony'↗
지방 직무원 채용 예상 문제

** **개구리 잡아온 비용** : 축산업이라는 말 자체가 없던 시절에 집에서 기르는 닭, 오리에게 사료로 주려고 동네 꼬마들이 잡아온 개구리의 마리 수에 따라 사탕이나 엿을 주었음.

지금도 보물은 보문산에 묻혀 있습니다. 혹시 뜻이 있으신 분이 계시면 연락 주세요(전용 휴대폰 : 070-770-7777).

힘을 합쳐 함께 찾아봅시다. 고고학 전공자가 아니라도 상관없습니다.

성공하면, 께름칙하게 '복권' 같은 빈자(貧者)의 세금으로 거두어들인 돈을 쓰는 것보다는 신나는 일.

성공하면, '강원 랜드'에 가서 딱 한 달, 생활해 보겠습니다. '도벽, 승부욕도 본능'의 학설이 맞는지 확인하고 싶다는 욕구(핑계)는 아닙니다. 그냥 한 번 가보고 싶을 뿐.

성공하면, '80일간의 세계일주'를 한 번 더 해보렵니다.

성공하면, '낡은 우리 집'을 페인트칠 하겠습니다.

성공하면, '술과 밥을 사 준 동료'에게 "쏜다" 하겠습니다.

성공하면, '짊어진 짐이 버거운 분' 연락 한 번 해보세요.

성공하면, '7급 비밀'입니다.

성공해도, BC 3,000년의 성현, 철학자, 영웅, 종교인, 저명인사와 '모세(方,放言)'부터 AD 2006년 '고이즈미'까지의 사상을 총망라하여 'IBM 슈퍼컴퓨터'로 분석해 보아도 결과는 뻔하게 나올 것입니다.

성공이란, '오늘 하루 열심히 보낸 기쁨'을 느꼈다면 무엇보다도 귀한 것입니다. 당신의 직장 직위가 과장님이라면 부장님을 공경은 해드리되 잘 보이려고 의식하지 말고 부장님이 편안하시도록 업무 처리를 원활하게 해주시고, 부하 직원은 닦달질하지 않으면서 애정으로 보살피며, 당신의 일을 적당히 재미있게, 적당히 노력하셨다면 그게 곧 '즐거움'이고 '큰 성공'입니다.

그냥 넘길 뻔 했던 중요한 것을 말씀 올리면 저에게 적당한 간격으로 연락 주셔서, 닭똥집 안주에 소주 한 잔 사주시면 더 없이 좋은 일이라서, 먼 훗날 혹시 저승사자의 업무 처리 잘못으로 염라대왕 앞에서 변론할 경우가 생기면 당당하게 귀하의 업적을 말하여, 옥황상제님의 귀여움을 독차지하는 중요한 지위의 일원이 될 걸요.

앞 세월에서 살아본 제가 경험 후 알게 된 사실을 귀하에게 알려 드리는 것(天機漏洩)입니다.

성공 결론, 당신을 기다리는 '여우와 토끼'가 더 없는 큰 행복. 다이아몬드 1,000개와 '여우와 토끼'를 바꾸지 않습니다.

당신을 기다리는 '늑대와 토끼'가(女男 平等)…….

금가락지 1개와 늑대와 토끼를 바꿀 수도 있습니다.

Good House Keeping!

寶文山은 우리에게 소중한 재산 寶物山입니다.

내가 어릴 때는 보문산이 벌거숭이였습니다. 초등학교 때 보문산으로 자주 소풍 갔는데, 온 산이 잡초와 잔디뿐, 나무가 없었습니다. 제일 큰 나무는 진달래 꽃나무로 기억됩니다.

지금은 울창한 숲이 동네사람들의 쉼터가 됩니다. 등산로도 여러 갈래가 있어 각자의 능력에 맞게 선택할 수 있고, 고스톱 칠 곳(이 판에서는 아마겟돈에서 고! 하는 식으로 고하면 미움 받습니다)도 이곳저곳에 있고, 힘이 들면 아무 곳에서 쉬어도 좋고 또 좋지요.

귀한 보물 같은 좋은 산입니다.

* 평생 풀지 못하고 끙끙거리며 살아가는 의문점,
호랑이가 정말 담배를 피웠을까?
교양머리, 인정머리 없고 얌체 같은 얄미운 신령님도 계실까?
약점 잡힌 일 없는데, 집사람에게 언제나 주눅이 들어 살까?

— 이사님 의견 —

1. 상관의 명령은 맹복종 하시옵소서.
2. 휴가는 즉시 떠날 것(반납 불가, 이유 불문).
3. 정년 예정자는 본인용 비자금을 퇴직 3년 전부터 비축하시지요.
4. 퇴근할 때 컴퓨터 끄고, 책상 정리하세요.
5. 집에 도착하면 제일 먼저 부인에게 목(目) 인사한 후 부모님 순서로.
6. 동생이, 장사하는 분 계시면 밑지고 팔지 말라고 따끔하게 충고할 것.
7. 기발한 착상의 좋
8. 은
9. 생
10. 각 있으면 제공(제출)해 주세요(포상금 있음).

※ 새로운 십계(十戒 + 十誡 = 스무 고개)를 만들려고 구상했으나 알고 보니 '지리산 청학동 수료증'이 없으면, 6계명만 만들어야 적법한 행동입니다.

자격증은 없지만 기술은 노련한데 규정이 문제입니다.

※ 주문 : 문선공은 조판할 때 '스무 고개'를 '20계'로 하세요.

동료 사원 여러분!

복 이사님께서 처음엔 무슨 이유로 열이 나셨는지는 모르지만, 미팅하는 중에 ☃ 녹듯이 녹으셔서 환하게 ☺ 얼굴을 보여 주시니 가벼운 걸음으로 퇴근합시다.

알맹이 없는 회의에 오랜 시간을 견디시느라 고생하셨지요. 준비 부족이었습니다.

뜻이 있으신 분은 'Ice Man'이 오전에 잡은 야생의 산양, 요리 전문점으로 7시까지 집결하여 '건설적인 제2차 회의'를 통금시간(밤 10시)까지만 해봅시다. — Dutch Pay!

우리는 술 마시는 일도 근무의 계속이지만, 아이같이 속좁은 아내는 잔소리할 궁리를 합니다.

뒤탈이 없게 사랑한다고 아양 떨며 야근한다고 집에 미리 전화해 놓으세요(탈이 나면 김 대리는 이 계장님이, 이 계장님은 박 과장님이 도웁시다).

소송전담자가 요리전문가 행세하니 그렇지요?

본연의 임무는 수행 안 하고 '고춧가루, 대파, 마늘, 다시마' 등의 양념을 만지작거리고 있으니 맛이 묘하지요?

이왕에 시작한 것 '아지노모도'와 '기꼬망 간장'도 가져오라고 전화할까요? 말까요?

아니면 '깨소금'을 듬뿍 가미(가미가제*식으로)하라고 할

---

* 가미가제 : 제2차 세계 전쟁 때 일본군의 자살 폭격 비행기. 연료를 목적지까지만 공급하여 귀항할 수 없음.

까요.

* 석회 끝('미팅 엔딩'이라고 하시면 촌스럽지 않고 부드러운데)

♣ *필자 질문 : 가볍게, 그냥 가볍게만 읽으셨지요!*

우울증

삼 일째 잠이 오지 않는다.

몸은 피로에 지쳐 쓰러질 것 같은데 웬일일까?

잠을 자고 싶은데 잠은커녕 꾸벅 조는 것조차 없다.

체중도 평소보다 많이 줄어들었다.

이것 큰일인데 하면서도 무엇을 어찌해야 할지 몰라 불안하다.

내일 지구가 폭발하는 것도 아닐 텐데 왜 이렇게 불안하고 초조할까?

가슴이 쿵쾅거리고, 심장을 압박하는 통증도 있다.

모든 것이 귀찮고 하기 싫다. 이래서는 안 되는데…….

나를 믿고 따라준 큰애의 힘들어하는 얼굴이 떠오르고, 까닭 없이 내가 너무 왜소하게 느껴져 직원들 앞에 나서기가 부끄럽다.

지금까지 잘 살아왔는데, 잘 버티고 지내 왔는데…….

나흘째 되던 날 견디지 못하고 신경정신과에 그냥 갔다.

원장님에게 증상을 말씀드리고 병세에 맞게 병원을 찾아왔느냐고 문의했더니 잘 왔다고 하면서 병명은 말씀 안 하시고, 치료를 하면 꼭 낫는다고 여러 번 강조(나중에 알았지만 그 동안은 나의 의지로 버티었고, 의사의 입장에서 보면 중증 상태로 위험 수위에 도달한 상태)하며 희망을 주셨지만 무언가 석연치 않은 것 같다.

병명이 무엇인가 묻고 싶었지만 왠지 두려운 생각이 들었다.

세상 일이 귀찮고 부질없이 보인다.

내 젊음을 다 바쳐서 이루어 놓은 나의 모든 것이…….

내 자신이 까닭 없이 너무 싫다.

정리하고 쉬기로 했다.

온 집안 식구들에게 무책임하게, 특히 큰며느리한테는 미안한 생각이 들기도 했지만 가슴이 후련하다.

가슴의 후련함도 잠깐뿐이고…….

절망적으로 느껴진다.

체중은 어느 사이에 15kg 이상 빠져 거울에 비친 내 모습이 괴팍스럽다.

어떻게 하면 편하고, 쉽게 죽을 수 있을까?

여러 가지의 죽는 방법을 생각해 본다. 사랑하는 가족들이 슬피 우는 모습을 그리니 마감하고는 싶은데 용기가 나질 않는다.

내가 평소에 그렇게 증오했던 가족에 대한 무책임한 행동을 하려니 당혹스럽다. 자연스럽게 암이나 걸리는 것도 좋은 일(유교사상)이라고 생각도 해 본다.

하루도 빠짐없이 악몽을 꾼다. 기분 나쁘다.

술친구들과 어울려 갖은 추태를 부리면서 인사불성이 되도록 술을 먹는다. 술에 취해 길에 쓰러져 있는 나를 구급차에 태우지 못하고 애를 먹다가 큰아들이 펄썩 주저앉아 대성통곡을 했다고도 한다.

술이 깨면 후회는 하면서도 그 생활의 연속이다.

술에 취해서 몽롱해져도 나아지는 것은 없는데…….

이래서는 안 되는데 하면서도, 무엇 때문에 안 되는 것일까 하는 좌절감과 의구심이 든다.

나는 이제 구제불능일까?

모 재벌회장이 자살했다는 뉴스가 귀에 쏙 들어온다.

국회의원을 지낸 모 대학 이사장의 소식도 들려오고, 그 외에 사회에서 기라성 같이 성공한 인물들의 소식도, 빚에 쪼들려 일가족이 최후의 선택을 했다는 뉴스도, 그저 뉴스일 뿐이라는 생각이 들지 않는다.

그들은 왜 그 길을 택했을까, 다른 해결책은 없었을까?

가족의 가슴에 평생 멍이 들 텐데…….

나는 왜 용기가 없는 걸까 반문해 본다.

지금은 1년 이상이 되었는데, 아직도 하루도 빠짐없이 가슴 졸이며 쫓기는 나쁜 꿈을 꾸며 꿈속에서 소리쳐 우는 내 신음 소리에 놀라 아내가 나를 깨운다. 꿈은 항상 소년기와 청년기의 경제적으로 힘들던 시절의 삭막함과 희망이 보이지 않는 암흑의 바다 속에서 허우적거리며 고통을 겪는 그런 지저분한 내용이다.

젊은 시절 '운명아 비켜라 내가 간다!' 하고 소리쳤던 객기를 부리면서, 꿈을 대수롭지 않게 생각하려고 노력하니 신비롭게도 꿈의 후유증이 없다.

체중도 정상으로 돌아오고, 얼마나 많은 시간이 필요할지 모르지만 인내력을 갖고 느긋이 기다리자.

간호원도 예쁘니까.

나는 무엇이든지 할 수 있는 능력 있는 사람이니까.

'아버지가 안 계시고 없는 세상은 상상할 수도 없다'는 자식들의 효심이 가슴을 찡하게 한다.

담력 있는 신사였던 절친한 친구가 암으로 투병생활을 오래하다 세상을 하직하기 1개월 전, "J형 나 살고 싶어" 하며 절규하던 모습이 생생히 떠오른다.

모든 건 세월이 해결해 주겠지…….

우울증도 피할 수 없는 내 삶의 한 부분이라면 사랑하자!

이겨내게 해주세요, 하느님! 원장님도 꼭 완치될 수 있다고 하셨습니다.

나태함과 무료함을 달래려고 글을 쓰려고 한다.

머나먼 옛날, 근 40년 가까이 쓰지 않던 연필을 잡으니 겸연쩍은 묘한 웃음이 나온다.

소년의 청순함, 청년의 왕성함, 중년기의 노련함도 다 보내고…….

자식들도 모두 독립을 시켜 손자 손녀를 본 이순이 다된 나이에 도전하려 하니 쑥스럽기도 하지만 해보자.

※ 정당한 이유

㉮ 줄을 맬 나무의 가지는 튼튼하지만 올라가기가 힘이 들 것 같았음.

㉯ 물에 빠지면 발견하는데 어려움이 있을 것 같아서.

㉰ 불을 지르면 불 꺼진 후 고약한 참경.

㉱ 단독주택 거주로 하강해 볼 높은 곳이 없음.

㉲ 잠적하면 기다리는 사람이 평생 대문을 열어 놓아 도난 맞을 걱정.

㉳ 예쁜 마누라에게 딴 놈이 농담 슬슬, 재미 쏠쏠 볼 것 같음.

㉴ 초등 1년생 손자는 "우리 집은 어른들이 말썽 부린다"고 하는 망신.

㉵ 감정 있는 자가 씩 웃는 불쾌감.

㉶ 마음에 진 빚을 갚지 못하는 괴로움.

㉵ 치료에 혼신을 다하시는 담당 의사에 대한 배신.

* 우울증은 포기하지만 않으면 꼭 치료 됩니다. 의사의 말이 우울증은 여성들의 갱년기장애처럼 정도의 차이는 있지만 누구에게나 있을 수 있는 호르몬(hormone) 작용이라 합니다. 제 경우도 이겨 내려고 하면서 가보(家寶)가 될 책(논리, 작품성을 떠나서)을 만들었고 많이 좋아져 있습니다.
책 쓰는 걸 보고 찬규는 할아버지가 엄청나게 훌륭한 사람이라고 착각합니다.

소리

– 부제 : 우울증 환자를 위하여 건배, 또 '데킬라' –

웃는다.
또 웃는다.
크게 웃는다.
포복절도한다.
가슴이 후련하다.

잔잔한 미소가 여유로운 행복감과 기쁨을 느끼게 합니다.

청순하고 아리따운 아가씨의 해맑은 미소가 사랑스럽기 그지없고 주변의 모든 사물을 밝고 맑게, 향기 나게 해줍니다.

외근을 하고 돌아온 동료가 책상 위에 붕어빵 한 개를 살며시 놓고 가니 사무실 안에 따스한 온기가 퍼집니다.

예쁜 손녀 예진이가 얼굴에 웃음을 듬뿍 담고 애교를 떨며 재롱을 부립니다.

위에 글은 우리 모두가 공감하는 행복한 것입니다.

그러나 잘 일어나지는 않습니다. 왜 그럴까요. 많은 노력이 필요한 것도 아니고 경제적인 부담도 없는데 말입니다.

웃기는 소리를 쓰려고 '소리'라는 제목을 붙이니, 부담이 되고 웃기는 얘기도 아니고 그렇습니다(한마디로 웃깁니다).

〈리더스다이제스트〉에서 읽은 미국의 유명한 코미디언 '봅 호프'의 이야기가 생각납니다.

봅 호프가 우울증으로 심한 고통을 받다가 이름난 의사에게 힘들어 하는 부분을 호소했더니 의사는 봅 호프를 알아보지 못하고 중증의 그에게 희망을 주느라고 "선생님은 아주 가벼운 초기입니다만 밝고 명랑하게 살도록 해보세요. 봅 호프의 코미디 프로도 즐기시며 이 약을 복용하면 괜찮아 질 것입니다" 하니, 봅 호프는 한참을 망설이다가 "제 예명이 봅 호프이고, 그 유명한 코미디언이 바로 저입니다"라고 대답을 하니 의사가 망연자실했다는 웃지 못할 이야기가 있습니다.*

다음은 제가 젊은 시절에 창 밖으로 넓은 바다가 보이는 어느 해변의 조용하고 아담한 식당에서 겪은 일화입니다.

동료와 저녁을 먹고 있는데 바로 제 식탁의 앞자리에 유명한 '코미디언 선생님'과 닮은 사람이 혼자 들어왔습니다.

세상에 비슷하게 생긴 사람도 많구나 하며 앉아 있는 모습을 보니, 그는 지구의 모든 근심 걱정을 혼자 짊어지고 힘겹게 살아가는 것 같아 불쌍하고, 얼굴은 화장독으로 거부감이 들어 외면하고 싶은, 많은 고생을 하며 번민의 늪에서 헤어

---

* caution : 의사 선생님 말씀은 100% 믿어야 합니다.
'봅 호프'는 멍청하지요.

나지 못하고 사는 처량한 모습이었습니다.

잠시 후 왁자지껄하면서 연예인 복장의 많은 사람들이 들어오더니, 초라해 보였던 노신사의 주위로 몰리더군요. 호기심도 나고 아차 싶어서 "선생님 몰라 뵈어 죄송합니다. 이렇게 직접 뵈니 영광스럽군요" 하고 인사를 드리니 악수를 청하시며 얼굴에 미소를 띠고 손을 꼭 잡아 주시며 한 백화점의 개업행사 때문에 오셨다고 했습니다.

TV의 화면에서는 밝고 맑은 천진한 몸짓으로 온 국민을 웃기시는 선생님의 순간적인 모습을 보고,

"사람 사는 게 똑 같네……."

담배 피는 곳 — 눈치 볼 것 하나 없어요

올해 초등학교를 입학한 귀여운 손자 녀석이 있습니다.

요즈음 아이들은 유아원이나 유치원 등의 조기교육 때문인지 가끔은 놀랠만한 말을 해서 웃기기도 하고 아차 싶게, 할아버지인 제가 실수를 했구나 하는 느낌이 들게도 합니다.

며칠 전에 찬규와 함께 사거리를 가다가 교통신호 때문에 사소한 말다툼을 벌인 일이 있었는데, 같은 날 공교롭게도 같은 사거리를 지날 때 찬규가 "할아버지 지금처럼 조금 천천히 가면 싸우지 않고 갈 수 있잖아요" 하면서 힐책(?)을 하기에 가슴이 철렁했습니다.

'어! 이놈 봐라. 좀 전에 다툼이 있을 때는 아무런 말도 안 했는데' 하고 말입니다.

찬규 보기가 부끄럽기도 하고 손자에게 모범이 되지 못해서 멍한 생각밖에 아무런 말도 하지 못하고 말았습니다.

"할아버지가 잘못했어, 찬규가 옳아"라는 말을 했어야 하는데 말입니다.

오래 전 이야기입니다만, 호주의 시드니에서 있었던 작은

(?) 일이 생각납니다.

일행이 탄 커다란 덩치의 관광버스가 길을 잘못 들어 후진을 어렵게 하고 있는데, 차들이 꽉 들어찬 6차선 도로에서 직진하던 모든 차량들이 버스의 후진이 안전하게 되도록 조용히 기다려 주었습니다. 2차선 정도만 양보해 주어도 충분하다고 생각되었는데…….

한 번은 숙소 부근에서 구경을 하느라고, 횡단보도 옆에 있던 것도 아니고 횡단보도 근처에서 혼자 어슬렁거리며 있었는데, 운전자는 제가 길을 건너려고 하는 것으로 착각하고 정지선에서 정확하게 정지한 후 무한정 기다리는 멍청한(?) 사람도 있더군요(제가 해준 수신호에 출발함).

호주의 교통법규가 좌측통행(준엄)하게 되어 그런지는 모르지만 깊은 감명을 받았습니다.

어느 나라는 우선권이 있는 차선에 있는 차는 위험이 존재하더라도 상대편을 배려하지 아니하고(양심 → JeonDangPo) 나 몰라라 질주하며, 최고의 교양과 재색을 겸비했다 해도 차를 타면 욕하고, 휴지 버리고…….

신호 대기선에서 신호가 떨어지자마자 '0.01초 이내'에 출발 안 하면 뒤차에서 "빵빵, 빨리 가라!" 하며 고함치고 울려대는 소리에 신경이 곤두서기도 합니다.

'우리나라 좋은 나라, 정이 많은 나라'입니다.

'불우 이웃 돕기' 할 때 무명의 많은 분들이 동참하는 것을 보면 알 수 있어요(고백 : 필자는 "따르릉 1,000원입니다"를 한 번도 안 했어요. 나쁘지요?).

폐간된 한양의 'DH일보' 같은 모금액을 횡령하는 못된 신문사가 있듯이(옛날의 언론 보도), 꼭 한두 명이 말썽을 피워 전체가 그런 것 같이 보이기는 하지만 모든 것이 '좋은 나라'입니다.

나라 꽃 이름도 얼마나 좋아요. 무궁화(無窮花 : 영원히 피는 꽃).

꽃 한 송이는 아침에 피어나 저녁에 지기에, 짧은 시간에 화사함을 뽐내려고 노력했기 때문에 '빨리빨리 생활문화'가 형성 되었지만, 봄부터 가을까지 꾸준히 피는 덕에 끈기 있는 겨레가 되어 기적을 이룬 '성공한 나라'가 된 것입니다.

단순하게 생각하면 내가 이상한 사람이라고는 생각 안 되죠?

한국어를 조금 아는 어느 한국인이 아닌 분이 오지의 식당 직원에게 좋은 인사말이라고 가르쳐 준 "야, 이 새기야. 발리 발리 처머거"라고 하며, 생글거리며 베푸는 친절의 놀라움도 경험했고, 유명 관광지에 한글의 우수함을 만방에 알리려고 정성을 들여 써 놓은 고마운 분도 있었습니다.

그분들의 한국사랑은 눈물겨운 노력이었고, 감탄이 절로 나옵니다.

줄담배 피우는 곳 — 왕년에 흡연자는 왕이었다

돈은 없지만 불평은 많은, 돈 벌려고 온 외국인 노동자*가 "한국 잘살면 뭐 해요" 하고 비웃지만 국민 전체가 인정 없는 것은 아닙니다.

그 외국인 노동자의 고귀한 말씀은 너무 고맙지요

우리에게 '공자'의 대선배님 '노자'의 가르침을 일깨워 주느라고 한 말이지만 노자(604?~531? BC)의 "문명의 발달은 삶의 질은 높게 하지만, 인간을 게으르게 하고 심성을 천박하게 만든다"는 걸 알려주어, 우리가 농경시대에 갖고 있던 아름다운 인간미를 되찾을 수 있게 도움을 주었고, 농경시대에 갖고 있던 아름다운 인간미를 되찾을 수 있게 도움을 주었지요.

어쩌면 그분의 애정 어린 충고 덕에 강원도 북원뜰에 가다가 경기도 이천에서 차창 밖으로 얼핏 본 담벼락에 쓰인 '심보를 곱게 써라'의 절규와, 앞산의 산책로에 이름 모르는 사람이 그림과 함께 글씨로 써서 나무에 걸어 놓은 "내가 살만했을 땐 모두가 '친구여!' 했었지" 하는 서글픔이 다시는 없

* 외국인 노동자 : 그들 일부는 엘리트입니다. 대학교 졸업도 했고요.

을 수도 있으니까요.

허인영은 인간미의 귀중함을 모르는 귀축(鬼畜)입니다. 귀축이 아니라면 어떻게 형제들과 친지들에게 피해를 입힐 수 있겠습니까.

그는 지금 벌을 받으며 살고 있습니다.

장독 뒤에 숨으면 안 보일까요.

얼마나 불안하면 많은 친인척에게 그의 집을 아무도 모르게 숨어서 살고 있을까요.

'법구경'에 있는 말이던가요. "저속한 행동을 하는 자는 쉽게 망가진다"고, 허인영은 천벌을 받을 겁니다. 아니 지금 천벌을 받고 있습니다. 그의 형제들은 모두 건전한 가정을 꾸리고 있거나 건강한 형제가 한 명도 없고 그의 자식들 역시 거의 평범하지 않습니다. 그 자신도 이혼하고 재혼하여 문제가 많습니다.

하늘이 벌을 내린 것이지요.

그는 그것도 모르고 스스로의 얕은꾀에 도취되어 상대방이 속아 넘어간 바보들로 알고 좋아했겠지요. 그렇다고 그가 경제적으로 윤택하게 살고 있는 것도 아닙니다.

허인영의 행각은 부동산 구입 후 2년 이내에 모두 탄로 났지만 피해자들은 '그래도 혈육이고 친지'라는 정(情)과 큰 돈을 주면서도,

① 영수증을 받지 않았기 때문에 인내한(忍耐) 것입니다.

② 영수증을 받은 사람은 오직 '진실한' 혼자였고 피해 금액이 제일 적은 사람도 '진실한'이었습니다.

지금 그는 업보(業報)를 갚느라고 숨어서 살고 있습니다. 자신의 무덤을 판 것입니다

제목 없음

인간은 교육에 의하여 다듬어진다.

한 개인이 받은 교육은 그 개인은 물론 사회에 엄청난 영향을 줄 수도 있다.

한 사람이 어떤 결정을 할 때 그 결정 하나가 인류 역사를 바꾸어 놓은 엄청난 경우를 나치의 히틀러나, 진공관의 발명이 반도체까지 발전시켜 우리 삶을 지배하고, 군림하고 있다고 생각하면 덧붙여 설명할 필요가 없다.

내 경우, 포도청 간부의 결정은 '사기죄 혐의 없음 : 무고죄 없음'으로 두 번 받았다. 포도청 간부의 의견이 나에게 불리하지 않다는 것은 알지만 유리한 것도 아니다.

우리나라는 원칙적으로 '성문법주의' 아닌가?

'문서로 작성된 법률'이란 다른 설명이 필요치 않다.

① 고소인 고의성은 피고소인 여선미에게 돈을 받았다고 판정원에 제출한 서류에는 날인을 하고 말로는 받지 않았으니 여선미를 사기죄로 처벌해 달라 했는데, 특별한 증거가 나온 게 없는데, 성문법을 기초로 하는

나라에서 고소인, 피고소인 모두 죄가 되지 않는다니 이해할 수 없고 대출금도 그런 식으로 상환이 가능하다면 우리나라 만세다.

② 고소인 진실한은 피고소인 고의성이 허위의 서류를 제출하였으니 소송 사기죄로 처벌해 달라 했는데 처분 결과는 ①번과 같이 나왔다.

법을 아는 자와 모르는 자의 차이가 이렇게 크다는 말인가. 나는 이해가 되지 않아 상급포도청에 문의해 보기로 했다.

항소심 판정관도 마찬가지였다. 그는 판정장에서 피고 진실한의 업무방해, 명예훼손의 범죄 혐의를 심리하면서 왜 소외 형사사건(피고소인 허인영)을 거론하며 합의할 의사가 없느냐고 반문했을까. 그가 정이 많은 한국인답게 범죄인을 양산하는 게 안타까워서 그랬을까. 고맙지만 글쎄다.

성문법(법조문)이라는 원칙이 있는데, 판정관이나 포도청 간부가 독립된 사법기관이기 때문에 기관의 운영 방식은 범접할 수 없다는 말인가, 이해가 잘 안 된다. 각 사법기관은 원칙 내에서 재량권을 행사하는 것은 당연하다는 점은 인정한다.

처음부터 법조문이 없다면, 서울은 법적으로 수도(역사적 생성)라는 식의 특이한 경우가 아니라면 관계법이라는 원칙이 있지 않는가.

악법도 법이라고 했던 자는 정말로 무식하네. 정말로였

을까.

유능한 자질의 인물도 결손가정에서 성장했거나, 신체적 결함이 있거나, 기타의 사유로 편향적 사고력이 있을 것 같은 이에게는 '냉정한 판단'을 요구하는 직책을 주지 않는다는, 어찌 보면 인권 침해의 소지가 있는 제도를 운영하는 나라의 원칙은 무엇일까.

고소, 고발사건이 다른 나라보다 많아 격무에 시달린다는 푸념은 이유 없다는 생각이다. '법 운영을 느슨하게 하여 한국인의 매몰차지 않은 정서' 때문에 자초한 많은 일거리를 만들기 때문에 국민들이 법을 가볍게 생각하고 다음으로 옮겨 행동하기 때문에 생긴 이유도 있지 않을까(신용카드 사건 등). 이러한 주장을 한다고 해서 법과 제도를 경시하거나, 포도청 간부나 판정관들에게 무례한 언행을 하려거나, 그들을 가볍게 보려는 것은 결코 아니다.

엉뚱한 얘기지만 나는 소송을 진행하면서 불만족스러운 점이 있어도 가능하면 수용하려고 노력해 왔다. 왜? 그들도 불완전한 인간이고 나 역시 불완전하며 그들의 요구 조건을 충족시키지 못했으니까.

그들의 왕국에서는 그들이 왕이지만 밖으로 나오면 우리와 똑같은 위치의 신분이라고 생각한다. 어떤 책에서 읽은 글이지만 피의자의 살인에 대한 심증은 가는데 증거가 불충분하여 무죄 선고를 내렸다고 고뇌한 판정관도 있었고, 거물급의

도우미가 술에 만취되어 대성통곡하기에 "왜 그러느냐" 물으니 그의 답은 자기 주변의 모든 이는 천민(?)뿐인데, 그들의 무리한 요구를 들어 줄 수도 없는 압박감이 그를 괴롭힌다고 했다.

가물가물한 아득한 30대 초반의 옛날이야기이지만 어느 날 한 친구가 씩씩거리며 내게 온 일이 있다. "왜 그러느냐"고 했더니 "50세가 넘은 도둑놈이 증거를 보여 주며 답하라"고 했는데도, 힘들게 하여 멍이 들도록 패주었다고 하면서, 분이 풀리지 않은 모양이다. 내게 와서도 진정이 되지 않는 것 같기에 친구에게 "야, 세상에 쉬운 일이 어디 있어. 막걸리나 먹으러 가자"고 한 적이 있다.

"힘드시죠. 그냥 쉬었다 하세요. 커피나 한 잔 하면서~♬"

나는 남들이 놀고먹고 연애할 때 유혹을 뿌리치고 고독과 싸우며 목표를 달성한 능력 있는 자에게 "권력 갖은 놈, 돈 많은 놈, 부모 잘 만난 놈" 하는 수식어를 사용하면서 이유 없이 적개심을 품으며 미워하고 비하하는 자를 바르게 보지 않는다. 그들은 그들의 능력을 제공하고 대가를 받는 것뿐이다(경제 원리). 그들이 당신에게 경제적이나 기타의 손해를 입혔다면 얘기해 달라.

말이 나온 김에 조금 더 하자. 아는 사람 중에는 평생을 피를 뿜으며 비명소리를 듣는 일을 하면서 밥벌이 하는 이도 있고, 혐오감 나는 코딱지를 후벼 파내는 친구도 있고, 몰래카메라가 아닌 장면으로 악취 나는 신체 일부를 관찰하는 힘든 일을 하는 이도 있다.

모 재벌기업의 사장을 하시는 분은 평생 일 때문에 가정에 소홀할 수밖에 없었던 빵점짜리 가장이기도 하다. 선진국에 파견되어 오랫동안 근무했던 사람의 말을 빌리면 현지인들은 밤늦게까지 불 켜진 한국인의 사무실을 손가락질하며 '미친 사람들'이라는 비아냥거림을 받기도 했다 한다.

그들이 그 일을 하게 된 동기가 무엇이든간에 그들은 의무를 이행했기에 그에 상당한 권리를 주장하는 것은 당연하다.

(*위 사항에 관계있는 직업인은 나에게 '사스키(금주의 나라 사우디아라비아의 고유 술)' 한 잔 사야 한다. 필수 조건)

다시 본론으로 돌아와서, 나의 주장은 단지 좀 더 효율적으로 엄격하게 법을 적용하여 '모두에게' 편리하게 되었으면 하는 것뿐이다.

살벌하게 철권통치(鐵券統治) 국가를 만들자는 것도 아니다.

비록 귀동냥이지만 선진국가의 법 운영은 엄격하다고 알고 있다.

예를 들면 어떤 선진국에서는 채무자가 빚을 갚지 않으면 신체형으로 처벌하는 제도가 있는 나라도 있다는데, 그 나라 국민이 공포에 떨고 있는가 생각해 보라.

우리는 어떤가.

많은 노력을 들여 민사적 판정에 승소하여도 채무자가 교묘히 재산을 빼돌렸거나 사기꾼의 전형적인 수법으로 처음부터 타인 명의로 위장해 놓았다면 채권자 손에 쥐어 있는 권위 있는 소중한 판결문이 '휴지 조각'으로 변하지 않는가.

심도 있게 고민해 보자. 이제는 연구할 때도 되었다고 생각한다.

엄격한 법 운영이 사회를 어수선하게 만든다는 생각은 없고, 적응 기간 동안은 지금까지의 정서로는 불편함이 따르겠지만 익숙해지면 '편하고 좋다'고 확신한다.

원칙을 지키면 잔머리 굴릴 필요가 없지 않는가.

판때기를 들고 확성기에 크게 말하면 조금씩 토지수용보상가를 올려주니 누군들 안 하겠는가(처음부터 꽹과리 치게 하지 말라. 피곤하다).

혹자는 삭막한 세상이 되어 인간미가 없어 사는 게 재미없다고 떼를 쓰는 자도 있겠지만 그렇지 않다.

"뇌물 먹고, 마약 먹고, 술 먹고 운전하여 사고 내고, 면허증 돈 주고 사고, 거짓말하고, 돈으로 땜질하고, 주인 행세하며 거드름 피우고, 카메라 앞에서는 싸움질하는 척 하고 뒤에 가서는 어깨동무하며 술 처먹고, 마담 언니 끌어안고, 호박에 말뚝 박고 기타 등등(판소리 중에서 놀부의 짓거리)"의 사회규범에 어긋나는 행위를 법대로 처리하면,

"무전유죄 유전무죄(無錢有罪 有錢無罪)"라고 풍자한 말도 사라질 것이며 TV에 영원히 나올 수 없으니 하지 않을 것이다.

굶어 죽기 직전에 빵 한 조각 훔친 자에게도 엄격하게 적용하라는 말은 아니다. 내 친구 장발장은 정말 불쌍한 인생의 일생이었다. 모파상의 여자의 일생과 모 가수의 여자의 일생은 동일하다.

"거기 911이죠. 큰일 내기 직전의 초기 발작 증세를 보이는 돈키호테 형님이 있어요."

긍정적인 측면에서 냉정하게 생각해 보라. 내가 한 말들이 수도승이나 청교도 같은 엄격한 규율과 완벽을 요구하는 결벽증을 나타낸 것이라고 할 수 있는지…….

닉슨이라는 사람은 '워터게이트' 사건 때문에 대통령을 사표 낸 것이 아니고 '거짓말했기' 때문이라고 생각하고, 클린턴은 바보(?)같이 '놀아났다'고 했기에 용서 받을 수 있었다고 믿는다. 나도 유희하고 싶다(7급 비밀 공개).

장점을 또 한 가지 말한다면 권력자(시의원 포함)가 되려고 하는 분들은 높은 학력의 국민 수준을 잘 알고, 국민의 기억력도 좋다는 것을 너무도 잘 알기에 뜬구름 잡는 '프로파간다*' 식의 "내륙 교통의 원활한 흐름과 국제 교류의 발전을 위해 서울에서 도쿄, 타이완까지 최고 시속 950km 이상의 길을 임기 내에 착공하고 완성하여 독일의 '아우토반'보다 더 좋은 걸 만들어 준다"는 약속은 꿈에도 안 하실 것이다.

역린(逆鱗)의 죄를 저지르고, 무식하면서 유식한 척 했다고, 복숭아 몽둥이로 나를 후려치는 자가 있을지도 모르고 어떤 자는 '한국식이 아니다'라고 항변하겠지만…….

나를 멀리하고 경계해야 한다는 당신의 처신은 괘념치 않는다.

내가 지나친 이상론자, 부정적, 반항적, 궤변론자라는 판단을 내리지 말라. 불쾌하다.

나는 '한국식'을 주창한 이 나라에 많은 번영을 가져오게 기초를 만들어 놓은 분을 존경하지만 '우리 몸에 맞는다는 한국식 민주주의'는 싫다.

원칙을 응용했다는 귀신 호박씨 까먹는 소리 하지 말라.

원칙은 원칙이기 때문이다.

수천, 수백 년 전의 고서(古書)를 지금도 읽는 까닭은 그 속에 원칙이 있기 때문이 아닐까.

원칙은 원칙이다.

---

* 프로파간다(propaganda) : 원래의 뜻은 생략하고 일종의 정치용어로 실현 가능성이 없는 걸 알면서도 유권자를 현혹하기 위한 술수로 사용되는 정치인이 사용하는 한 가지의 선전 기법.

남에게 자랑하고 싶은 아들에게

새해가 밝아 왔다.

금년에는 모두에게 희망과 기쁨을 가져다주는 한 해가 된다는 가슴 설레는 기대감을 안고 새해가 우리 곁을 찾아왔구나.

바쁜 틈틈이 잊지 않고 전화해 주어, 건강하게 생활하고 있다고 생각은 하면서도 궁금하고, 너를 보고 싶은 마음을 감출 수가 없구나.

건강하게 생활하고 있는지, 잘 있는지, 잘 지내고 있는지, 잘하고 있는지 궁금하다.

아들아!

내일이면 해마다 맞는 새로운 한 해가 되는데…….

왜 이제껏 맞이한 새해의 감정과 다를까?

나이 먹는 탓이라고 하기에는 설득력이 부족한 것 같기도 하고, 하여튼 평소 맞이하는 새해의 그런 감정은 아니다.

마지막 보내는 올해의 아쉬움과 새롭게 맞이하는 새해의

소중함이 어우러져 배짱 없고 용기 없는 나에게 만용을 부리게 했는지 객기를 부렸단다.

거금(巨金)을 움켜쥐고 승용차에 연료를 가득 채운 다음, 호기 있게 네 어미를 불러 옆에 앉히고 송구영신의 마음으로 힘차게 액셀러레이터를 밟으며 동해안 일주와 설악산을 목표로 지는 해를 등 뒤로 하며 출발했다.

가벼운 마음으로 출발은 했지만 고속도로를 진입하자마자 너는 지금 나라를 지키고 있는 어려움이 있는데 하는 마음이 일어났지만, 이해하겠지 하고 내가 편한대로 여행의 즐거움을 탐닉하기로 했어.

금강유원지에서 사람들의 들뜬 기분을 느끼며 경주로 향하면서 그동안 살아왔던 삶의 점철을 네 어미와 얘기를 나누며 반성도 하고 후회도 하고 새롭게 다짐도 하면서 늦게 경주에 도착했다.

숙소를 정하려고 하니 잘되지 않더구나. 마음먹었던 데로 잘되지 않으니 내가 시대에 적응하지 못하는 사람 같기도 하고, 능력이 너무 모자란 못난이 같기도 하고, 삶을 잘못 살아온 사람 같기도 하여 화도 나고 그렇더라.

어마어마한 호텔의 객실에 빈 곳이 하나도 없다니 도대체 나는 무엇을 했다는 말인가…….

어렵게 숙소를 정하고 좀 전의 주눅 들었던 왜소함을 떨쳐버리고, 객지에서의 자유분방함을 즐기기 위해 경주 시내 나이트클럽으로 가서, 부부가 모처럼 만에 합의점을 도출해 가며 화기애애하게 술잔을 즐기면서 지나온 삶의 정리도 해보았다.

기분 좋게 택시운전수에게 "A 관광호텔" 하고 거만을 떨면서 숙소로 돌아와 샤워를 하려는데 샤워장에 전등이 켜지질 않아 좀 전의 좋던 기분을 망쳐버렸지.

평소의 습관대로 새벽 4시경에 일어나니 할 일도 없고 해서 토함산의 해 뜨는 모습이 볼만하다는 얘기를 들은 기억이 나서 준비를 한 후 6시경 프런트에 문의를 했더니, 지금 해 뜨는 모습을 보려고 가면 차량이 너무 많아 불가능하다고 설명하는 졸린 눈의 호텔 직원의 말에 포기했어.

동해안의 절경과 설악산에서의 즐거움이 기다리고 있으니 일찍 출발하기로 마음먹고 방의 열쇠를 반납하려고 챙긴 후 문을 닫기 직전 열쇠함이 있기에 무심코 열쇠를 넣어 봤더니 이게 웬일이야. TV가 팡파르를 울리며 신년 축하방송을 활기차게 시작하지 않겠니.

아니 이럴 수가!

새해의 장도를 축하하는 밝은 불빛이 찬란히 밝혀지고, 세상에!

내 딴에는 나는 바보는 아니라고 살아왔는데 이렇게 멍청할 수가 또 있을까 하는 어처구니가 없는 웃음이 나오더라.

열쇠함에 열쇠를 넣어야만 전원이 연결되는 첨단 시설물을 모르고 재수 없다고 투덜댔으니 할말 없다.

경주에서의 불편함이 열쇠 건으로 어제 다짐했던 반성의 마음가짐을 더 굳힐 수 있었기에 밝은 마음으로 동해안을 향하여 출발했어.

시내의 혼잡함을 빠져나와 해변도로에 이르니, 대자연의 오묘함과 조화의 극치에 매료되어 탄성이 저절로 나오는 장관을 이루더라.

해 뜨는 바다의 거대한 황금빛깔은 황홀감을 안겨 주었고, 설악산으로 향하는 해변도로에 펼쳐지는 자연의 위대함과 경이로움은 어찌 인간이 불경스러운, 한두 마디로 표현할 수 있으리오!

해안을 따라 올라가며 문득문득 네 생각이 나게 하는 군부대의 보초병이 즐거운 여행길에 마음이 가벼울 수만은 없었지만, 너는 제대 말년이니까 하는 위안이 생기며 얇은 미소가 나왔다.

좌우에 서 있는 초병의 모습을 보니 상병 계급장을 단 군인은 소총을 교묘히 고정시켜 놓고 그런대로 편안한 자세로 근무하고, 일등병 계급의 초병은 오랜 시간 들고 있는 소총이 무거운지 좌우로 번갈아 옮기면서 어려워하고 있는 모습이 옛날 나의 군대 생활도 생각나게 하더라.

울진, 삼척, 동해, 강릉을 지나 주문진에 도착하니 차량 정체가 시작 되어 짜증스러움과 피곤함을 느끼게 한다.

배도 고프고…….

주문진에서의 차량 정체로 마음이 흔들리며 설악산을 포기하려는 생각이 자꾸만 유혹하여 견디기 힘들어졌고, 배가 고프니 일단 식사부터 한 후 결정하기로 하고 주문진항의 생선횟집에서 싱싱한 오징어회를 먹었다.

배가 불러 든든하니 여유가 생기더구나.

차량 정체가 나 혼자만이 겪는 불편함이 아니고, 여기에 있는 많은 사람들이 어려움을 견디며 순서를 기다리고 있는데 나는 왜 낙오되어 포기하려 하는가 하는 용기가 생겨 설악산으로 출발했다.

3·8선에 위치한 '삼팔휴게소'에서 따끈한 차 한 잔을 들고 속초를 지나 마침내 차량 정체의 불편함을 견디어 낸 보람이 있었어.

어제부터 장장 700km 이상을 달려온 목적지 설악산에 도착한 거야.

건강해라, 自重自愛 하고, 사랑한다.

새해의 힘찬 출발을 하고, 아들을 생각하며 보낸다.

— 아버지 씀

고맙습니다

재판 종결.

이제는 사랑하는 가족의 장례를 치르고 귀가하면서 요란하게 북을 치며 춤을 추고 노래하는 풍습을 가진 사람들을 이해할 것 같습니다.

글의 흐름이 전체적으로 볼 때 긍정적인 부분보다 부정적이고 도전적인 시각이 많이 있음에 아쉬움이 남기도 합니다.

'한을 풀려고' 시작했던 일이라 구절마다 한(恨)이 담겨 있음을 부정하지 않습니다.

인생에서의 가설은 쓸데없는 소리지만, 아마도 이런 일들이 없었다면 내게 금전적인 여유가 조금은 있었을지도 모른다는 욕심과 미련 때문이었겠지요.

그동안의 과정에서 불유쾌하게 느껴졌던 일과 미움을 멀리 있는 바다에 던져두고, 상대편이 압박감을 느꼈다면 그 압박감이 벗겨지기를 바랍니다.

재판을 시작하기 전에는 미워했지만 진행하면서 수수께끼를 풀거나, 게임을 즐기듯이 이끌어 나갔습니다.

가족, 친척, 친구, 요원, 조사관, 수사관 등 누구에게 했던 말인지 갑자기 생각이 나지는 않지만 "내 재산이 되지 않으려고 그랬다"고 두어 번 말한 기억이 있습니다. 지금에(사건은 15년 전에 발생한 일입니다) 와서는 하늘의 뜻으로 받아들인 것입니다.

용서하고 나니 편안한 마음이 되는군요.

나쁜 기억은 영화 제작의 한 기법 '아이리스 아웃' 방식으로 처리 되었으면 좋겠고, 무지개의 여신이 보내는 아름다운 미소를 느낄 수 있었으면 합니다.

지금 기분이 좋은 것은 응어리가 풀려 속이 시원하다는 것입니다.

고맙습니다.

❦ 글을 맺으며

이야기로 쓴 글이니 글 중에 불편함이 있다 해도, 분서갱유(焚書坑儒) 당하지는 않으리라고 편안한 생각을 하겠습니다.

글을 쓰면서 가끔은 문학서적을 읽던 청소년 시절의 초기로 되돌아갈 수 있다면 하는 환상에 젖어 보기도 하고, 어디선가 〈마이웨이〉의 애절한 환청이 들려오는 것도 같았습니다.

여유롭지 않은 저의 생활은 〈빠삐용〉이 저지른 '인생을 낭비한 죄'의 비용을 제가 대신 부담하는 것 같은 착각도 들었고, 〈노인과 바다〉의 '큰 고래'가 머리에 떠오르기도 했습니다만, 모든 것은 '심 늙은이의 삶(沈翁之馬)'이라고 오만하게 생각하려고 합니다.

이 모두가 나이 탓 같습니다.

단순히 나이로 말씀드리지만 인생을 낭비하는 죄는 범하지 마십시오. 절대로 용서할 수 없습니다. 열심히 사세요.

'시작이 반'이라는 말이 있는데, '나머지 반'은 신(神)이 사람(人)들에게 심심하지 않도록 문제를 풀어가면서 재미있게 살라고 남겨준 몫, 신의 혜택입니다.

앞으로도 삶을 사랑하고 아끼며 만족하려고 합니다.

제게 주어지는 나머지의 시간도 이제까지 그래 왔듯이 적당한 고민도 하고, 분노도 하고, 욕심도 내고, 즐거움도 즐기며, 모두를 사랑하면서 범부(凡夫)로서의 평범함으로 채워 넣고 싶습니다.

괘씸하게도 운하를 만들어 놓아, 이제는 희망봉(喜望峯)을 그리는 사람이 없겠지만 희망봉에 가까이 왔음을 알게 된 항해사는 얼마나 설레는 가슴이었을까요.

저는 짐작할 수 있을 것 같습니다.

격려해 주시고 가르쳐 주신 재설이 형님께는 고마움을, 세밀히 검토해 주신 교수님께 깊은 감사를 드리고, 도움을 준 친구에게 우정을 표합니다.

행복합니다.

심현영 드림